KB145874

추천사

평생을 법과대학 교수로 살면서 국가정책 수립에 몇 차례 관여한 것이 인연이 되었는지 어느 날 국가로부터 한국마약퇴치운동본부 이사장직을 맡아 달라는 연락을 받았다. 마약과 법률의 관계는 그렇다 치더라도 마약퇴치운동본부의 역사를 알아보니 25년 가까이 대한약사회를 중심으로 성장·발전해 온 국가적으로도 매우 중요한 공익단체인데, 나의 경력이 과연 어떤 보탬이 될 수 있을 것인가에 확신이 서지 않아 오랫동안 망설였다. 국가를 위한 마지막 봉사라는 마음으로 일을 맡았으나 모든 것이 호락호락하지 않았다. 특히 중독자 치료 재활 영역은 감당하기 어려운 무거운 짐이었다.

그때 만난 인물이 이재규 대구 본부장이다.

미쳐야 미친다는 말이 있다. 그런데 그는 혼자가 아니라 마약퇴치 운동에 함께 미친 사람들 속에 있었다.

약국은 2순위이고 초·중·고등학생 대상으로 약물 오남용 예방 교육에 미친 이향이 부본부장과 아예 집을 나와서 중독자들과 함께 사는 조헌수 부본부장, 그리고 여자 중독자 한 사람을 3년간 데리고 살았던 류민정 부본부장이 함께 있었고, 사무실 직원들 역시 이 일에 대한 열정과 자부심이 가득해 보였다. 그때부터 내게 지워진 짐의 무게의 의미를 깨닫게 되었다.

중독자가 회복자로, 회복자가 배우로 나오는, 대구지부에서 만든 뮤지컬 '미션'의 매력에 빠져들면서 한국마약퇴치운동본부도 치료 재활의 새로운 패러다임을 모색하고 있다.

추천사를 부탁받고 원고를 하루 만에 다 읽어 내려갔다.

우선 시각 자체가 건강하다. 자신의 지식이나 경험을 과신하거나 내세우지도 않고, 중독자들을 미화하거나 지나치게 보호해야 한다는 강박감에서도 자유로웠으며, 국가의 정책 운운하지 않으면서도 현실을 무섭게 폭로하고 있다.

환각이라는 문제에 집중하여 스토리를 끌고 가면서도 마약 문제의 전반적인 본질을 보여주고 있다.

무엇보다 흥미진진하다. 뮤지컬 '미션'처럼 박진감 있고 울림이 있다.

중독자가 아니라도, 중독자 가족이 아니라도, 마약퇴치 활동가가 아니라도, 엄중한 인간 내면과 마주하게 될 것이다.

지난 20여 년간의 마약퇴치 활동이 힘들었을는지는 몰라도, 이런 글을 남길 수 있다는 것만으로도 충분히 보람 있는 시간이었으리라 짐작된다.

축하합니다!

인간 이재규 인생 전체에 대하여….

재)한국마약퇴치운동본부 이사장 이경희

미안한 마음으로 드리는
전도자의 글

뉴스에 나타나는 마약문제, 마약 밀수사건, 유명인의 마약 복용사건, 마약으로 인한 전 세계의 위험한 일들…. 이렇게 겉으로만 알고 있었고, 나와 상관없었다.

어느 날 마약으로 무너진 사람들을 보게 되었고, 실제 해외선교 현장에서 나와 관계있는 사람들이 마약으로 무너지는 것을 보면서 기도가 시작되었다. 그러나 내가 직접 도울 것을 찾지 못했다. 그러던 중에 뮤지컬 미션 팀과 이재규 본부장을 만나게 되었다. 이 분들이 삶 전체를 드려 헌신하는 것을 보면서 이 분들을 위한 기도가 시작되었고, 오랫동안 고민하던 부담을 조금이나마 줄일 수 있었다. 지금도 전 세계 마약 가족들을 위해 기도하는 일을 계속 이어가고 있다.

나는 40년 간 전도하면서 몇 가지를 보았고 또 확신한다.

1. 복음의 역사로 세계와 많은 특정인이 변화되는 것을 보았다.
2. 성령의 역사로 뇌 속으로 파고든 각인, 뿌리, 체질이 변하는 것을 보았다.
3. 시간이 걸릴 수 있으나 몸부림치는 그 자체가 기도로 변하여 응답되는 날이 오는 것을 보았다.

약물로 고생하는 가족 여러분과 수고하는 이재규 본부장과 헌신한 여러분께 하나님의 은혜가 있을 것을 확신하고 기원합니다.

사)세계복음화전도협회 이사장 류광수 목사

목차

위에서 주신 미션

유난히도 추운 겨울이었다. 눈이 잘 내리지 않기로 유명한 대구였지만 그해 겨울 매서운 한파와 전국적으로 쏟아지던 눈은 대구 역시도 피해갈 수 없었다. 늦은 오후부터 내리던 눈은 온 도시를 하얗게 물들이고도 그칠 줄 모르고 계속 쌓여만 갔고, 대구는 눈에 취약한 도시답게 제설작업에 애를 먹고 있었다. 시민들은 오랜만에 눈을 봐서 좋아했지만 이내 퇴근길의 혼잡함에 여간 짜증스러운 목소리를 내는 게 아니었다.

눈은 그칠 줄 모르고 쏟아졌다. 밤은 깊어 가건만 내리는 눈에 반사된 빛에 오히려 세상은 밝게 빛나고 있었다. 하얗게 물들어있던 바닥에 조금씩 선분홍빛 빛깔이 물들어가던 시간은 자정을 넘어 새벽 늦은 시간이었다.

쓰러진 남자는 삶에 대한 애착인지 미련인지 모를 안간힘으로 바닥을 기며 숨을 곳을 찾고 있었다. 자신이 지나온 길은 이미 빨갛게 물들어 금방 들통날 법하건만 그래도 포기하지 않고 바닥을 기며 커다란 트럭 밑으로 숨어 최고의 안식처를 찾아낸 듯 안도의 숨을 내쉬었다.

피가 뿜어져 나오고 있었다. 손으로도 막을 수 없었는지 짧은 숨을 내쉬며 지혈을 포기한 채 품을 뒤져 전화기를 꺼내들었다. 피로 인해 미끄러워 눌리지 않는 키패드를 하나하나 정성스레 누른 남자는 통화연결음이 들리자 머리맡에 전화기를 둔 채 잠시 시선을 옆으로 돌렸다. 가로등 불빛 아래 아름답게 빛나는 눈이 쌓이는 모습이 보였다. 아주 고약하단 생각이 들었다.

지독히도 아름답구나! 원래부터였는지 아니면 문득 지금에서야 드는 생각인지 모르지만 정말 지독하게도 처절하게 아름답구나! 생각에 잠긴 남자의 상념을 깨운 것은 전화기속 저 너머로 들리던 어떤 목소리였다.

"상우 씨? 상우 씨? 들립니까? 상우 씨?"

기침이 터져 나왔다. 끈적한 액체와 함께 뿜어져 나온 것은 검게 변해 목 아래 잠겨 있던 자신의 한과 같은 모습이었다. 늘 들어왔던 저 목소리가 오늘따라 더욱 아프게 했다. 아니 아픈 것은 어쩌면 칼을 맞은 자신의 배가 아니라 역시나 기대에 부응하지 못했던 자신의 나약함으로 한 번 더 실망할 상대방의 반응인지도 몰랐다. 피가 흘러 번진 것인지 아니면 어디서 나온 건지 모를 뜨거운 무언가가 눈 주위로 하염없이 흘렀다. 전화기 너머 상대방은 계속해서 자신의 이름을 불렀고 대답을 해주지 않으면 포기하지 않고 밤새 자신의 이름을 부를 기세 같았다. 잠기고 탁한 목소리로 남자는 대답한다.

"눈이 많이 내립니다. 이럴 때일수록 조심해서 운전하세요."

말을 마친 남자는 연신 쿨럭이며 내용물을 토해냈고 점점 가물가물해지는 의식을 더는 잡기 힘들다는 생각을 했다.

"본부장님… 늘 죄송… 했습니다. 원래 닭살 돋는 이런 말 못 하는데… 아무래도 죽을 때가 다 된 거 같습니다."

무언가 이상함을 느낀 전화기 속의 상대방은 다급하게 묻기 시작했다.

"상우 씨, 거 어딥니까? 금방 갈 테니 좀만 기다리소."

"본부장님 그거 압니까? 평생을 뽕에 취해 살았는데 갈 때도 보이 세상이 새하얗게 보이는 게 아무래도 뽕 위에서 가는 것처럼 보인다는 이 말입니다."

멀리서 사이렌 소리가 들려오고 있었지만 그 말을 끝으로 남자는 더 의식을 잡지 못하고 눈을 감았다.

대구마약퇴치운동본부 본부장으로 지내온 시간은 결코 쉽지 않은 시간이었다. 그해 겨울 유난히도 아니 부산스레 눈이 많이 오던 그해 겨울, 다행히도 김상우 씨는 어떤 시민의 신고로 응급실로 갈 수 있었고 긴급한 수술로 기적적으로 살아났다. 하지만 그로부터 몇 년 뒤 결국 간이 많이 손상돼 운명을 달리하였다.

웃긴 일이라는 생각이 들었다. 기적처럼 살아났던 사내에게 기적처럼 마약을 끊을 수 있을 거라 생각한 나 자신의 기대감이 지금 생각해보니 여간 웃기지 않는다.

지나간 세월이 녹록치 않았다.

약사로서 처음 마약 강의를 나간 일부터 마약퇴치운동본부라는 이름도 생소한 곳에서 청춘을 불태워 부르짖던 단약의 외침이 세월이 지난 지금 생각해보니 많이도 어수룩하고 어찌 보면 참 무모했다는 생각이 든다.

폭설이 내리던 그날 밤, 필로폰처럼 하얗던 눈을 보며 김상우 씨는 무슨 생각을 했을까? 평생 마약을 하다 이대로 죽고 싶다는 그의 말처럼 어쩌면 잠시나마 행복하다는 생각이 들었을까?

함께 산을 타며 땀을 흘린 후 시원스러운 막걸리 한 잔에

웃음 짓던 그 사내는 말 그대로 병상에 누워서도 마지막 가는 길 뽕 한잔만 더 하고 가면 안 되겠습니까 하며 눈물짓던 그 모습이 오늘따라 유난히도 내리던 눈처럼 막을 수 없는 상념으로 머리를 잠식한다.

짧지 않은, 그렇다고 길지도 않은 시간이었지만 마약퇴치 운동본부 본부장으로서 지내온 세월과 겪었던 사연들을 늦은 밤 컴퓨터 앞에 앉아 딱딱한 손가락으로 쓰며 나는 한 가지 결심을 하고자 한다.

이 땅에 나서 살아갈 우리 후대들에게 무심코라도 우연히라도 호기심으로라도 마약을 경험하게 되면 어떤 일이 일어나며 어떤 결과가 따르는지 알려야겠다고!

그것은 어쩌면 내가 지내온 세월과 앞으로 남은 세월에 대한 사명으로 여기며 반드시 지켜야하는 위에서부터 주신 미션일 것이다.

2018. 7. 12
(재)대구마약퇴치운동본부 본부장 이재규

여름의 뜨거움이 젊은 날의 외침처럼
가슴에 남아 있기를 바라며

약사 이재규

약사 이재규

특별할 것도 이상할 것도 없는 학창시절을 보냈다. 원대한 꿈을 이루고 대단한 신약을 만들어 이 시대에 필요한 약사가 되겠다는 다짐도 없었다. 그저 생각보다 학력고사 점수가 잘 나왔고 약대를 가면 밥값은 벌지 않겠나 하는 생각으로 응시를 했던 것 같다. 우습게도 굶거나 어려운 가정 형편도 아니었는데 말이다.

그 시절은 의무적으로 술을 마셔야 하는 시절이었다. 선배들의 한 마디는 지엄한 어명이었고, 따라주는 술은 하사하는 임금님의 은혜처럼 지고지순하던 시절이었다. 매일 밤을 술잔으로 채웠으니 학점을 채우기엔 버거웠지만 그래도 다행히 졸업장을 딸 수 있었고, 액셀레이터를 밟으면 차가 달리듯 당연한 순서로 약국을 개업하게 되었다.

딱히 힘든 일도 어려운 일도 없었다. 약국을 운영하며 결혼도 하고 아이들도 낳고 그렇게 아무 문제없이 남들처럼 평범하게 조금은 무료한 일상을 보내던 시기였다. 그날 그 전화 한 통을 받기 전까지는 말이다.

후회는 하지 않는다. 아니 어쩌면 그 전화 한 통이 정말 감사하다. 전혀 다른 인생을 보여주어 내가 달려가야 하며 나만이 해야 할 그 일을 맡게 되었으니.

그날도 여느 때와 다르지 않았다. 종일 할머니들의 만병통치약인 박카스를 더 드시면 안 된다는 잔소리와 함께 영업을 마치려 준비하고 있을 때 대학 시절 유독 술잔을 부딪치던 지엄한 선배의 전화를 받았다.

"니 요새 뭐하노?"

본인도 약사면서 뻔히 아는 일과를 왜 물어볼까 하는 생각을 하면서 나도 모르게 어떤 푸념이 나간 거 같다.

"오늘도 그렇고 어제도 그렇고 대한민국의 잘못된 상식을 깨부수어 민주 평화에 이바지하고 있지예."

"먼 소리고?"

"박카스에 들어있는 카페인이란 놈이 글쎄 할매들 생각과 마음을 싹 다 잡아갔다 아입니까."

"그래서?"

"그래서는 먼 그래서인교. 그거 자꾸 드시다 내년에 건널 요단강 올해 건널 수도 있다 캤지예."

"그게 니 주된 업무가?"

"류마티스 관절염에 파스가 좋다는 할배들의 논리에 적극적으로 대항하며…, 이 또한 민주평화에 이바지하고 있지예."

"이제 보이 이 약사가 아이라 열사라고 불러야 되겠네."

"선배님, 농담입니다. 근데 전화는 와 하셨는교?"

선배는 대구시약사회 임원이면서 대구마약퇴치운동본부 부본부장이었다.

"니 많이 안 바쁘면 내 좀 도와도."

평소 부탁을 하던 선배가 아니라 명령을 하던 선배였기에 조금은 의외란 생각이 들었다.

"어떤 대단한 일이길래 부~탁까지 하시는교? 우황청심환 하나 먹고 올까예?"

"그 정도 일은 아니고 그냥 강의 하나 맡아주면 된다. 물론 보수는 없고."

"아이고 선배님 강의 부탁이라면 사람 잘못 찾았습니데이.

저는 고등학교 때까지 남 앞에 서본 일이 없는 사람인 거 모릅니까? 제가 약대 다닐 때 제약학과장 했던 거는 잘 논다고 시켜서 했지 뭐 제가 사람들 앞에서 연설을 잘해서 한 건 아니라고요."

이런 나의 외침은 안중에도 없다는 듯이 선배는 계속해서 말을 이었다.

"약물 오남용 예방 강의인데 아무리 생각해도 이 열사 너밖에 할 사람이 없다."

"와, 저밖에 할 사람이 없는데예? 대구시에 약사가 몇 명인지 모릅니까?"

"니도 알다시피 다른 약사들은 바쁘다 아이가. 할 일도 많고…."

"저도 바쁜데예."

"내 다 알제. 그러니까 지금 부탁하는 거 아이겠나."

이게 어딜 봐서 부탁인지 모르겠지만 그래도 평소에 하던 명령보다는 조금은 부드러운 말투였기에 난 정중하게 거절했다.

"담에 전화 주시지예."

"이 열사! 이 일은 그냥 말을 잘한다고 맡기는 강의가 아이다. 자네같이 술 담배를 마이 묵다가 지금은 끊은 '증인' 비슷한 사람이 필요한 기라. 그라이 말 잘할 필요도 없고 연설도 필요 없다. 다만 청소년기에 꼭 들어봤어야 할 술, 담배와 같은 중독성 약물의 위험성을 알려주고 오면 된다."

"선배 잘 들어 보소. 약물 오남용이라 카믄 마약의 종류와 위험성을 주로 말해야 하는 거지예?"

"알믄서 와 물어보노?"

"그런데 저는 다른 약은 알아도 마약은 본 적도 없는데 제가 우예 가서 그걸 강의한단 말입니까?"

내 말을 다 듣기도 전에 선배는 무슨 느낌을 받았는지 결론처럼 말을 해 버린다.

"이 열사, 자세한 사항은 약사회 직원하고 얘기하고 약사회에서 내 소개로 강의 부탁 오거든 그때 연락하자."

뚜뚜뚜….

전화를 끊은 후에 찾아온 패배감과 무력감에 잠시 정신줄을 놓고 있을 때 곧바로 전화벨이 울렸다. 내가 가야 할 학교와 강의 제목을 말해주는 친절한 약사회 직원이었다. 정말 갈 사람이 없었는지 이제라도 갈 수 있는 약사가 있다는 것에 안도의 한숨을 쉬며 약사회 직원은 빠른 목소리로 말하고는 팩스로 강의 일정을 알려왔다. 그렇게 난 약물 오남용 예방 교육을 맡게 되었다.

첫 번째 강의는 사실 기억이 안 난다.

○○여상 강당에서 500명 대상으로 첫 강의를 했는데 중간 중간 큰 막대기를 든 선생님들 주위는 조용했다는 기억밖에 없다.

그렇게 몇 번째인지 모를 강의를 마친 후 질의응답 시간에 문제가 생겼던 거 같다. 학생들에게 본드와 부탄가스를 하면 안 된다는 뻔한 강의를 진행했고, 강의를 마칠 때쯤 한 학생이 뜻밖의 질문을 해왔다.

"쌤! 그런데 히로뽕을 와 히로뽕이라 부르는데예?"

"아 그기…, 그 마약을 하믄 피로가 뽕하고 사라진다 케서 히로뽕이다."

"그라믄 좋은 거 아이라예?"

"아, 그기 피로가 아예 사라지는 기 아니고 머릿속에 도파민이란 물질이 생성돼가 사라지는 것처럼 보이는 건데…."

나는 그 자리에서 학생들에게 책으로 공부한 필로폰이라는 물질과 증상들에 대하여 설명해주기 시작했다.

"마황이란 한약재에서 추출한 에페드린이라는 약물을 다른 놈과 합성을 해서 메스암페타민이라는 성분을 만드는 긴데 이게 느그들이 말하는 히로뽕이라는 놈이다."

구태의연한 설명이란 것을 아는지 나의 친절한 설명을 경청하는 학생은 한 명도 없었다. 오히려 다른 쪽에 더욱 관심이 많다는 것은 다음 질문을 통해 알 수 있었다.

"그라믄 뽕을 하믄 어떤 효과가 나타나는데예? 영화에서 보이 막 좋아 죽을라 카던데…"

솔직히 그때의 난 약물 중독자를 본 적도 없었으며 약물중독의 증상 역시도 영화에서나 본 것이지 누군가에게 설명할 처지가 되진 못했다. 하지만 그래도 학생들이 약물 오남용 예방교육에서 자칫 마약에 대해 호기심만 생길 수 있겠단 생각에 서둘러 학생들에게 알고 있는 지식 선에서 최선을 다해 설명했다.

"마! 이 자식들이! 느그 지금 뭐라 했어! 마약을 하면 뽕 간다꼬? 이 자식들이 진짜!"

"영화에서 그래 나왔는데예."

"영화와 현실은 다르지. 너거들 중국이 아편중독 때문에 망한 역사 모르나? 호기심으로 한 번 접했다가 완전히 망가진 얼굴을 아까 보여줬잖아."

나의 이런 답답한 마음을 이해했는지 다행히 학생들은 모두 숙연해졌고 난 무사히 강의를 마칠 수 있었다.

집으로 가는 길에 많이도 부끄러웠다. 아무리 억지로 떠밀려 들어간 교육 강사지만 그래도 학생들에게 아무것도 전달해주지 못했을 뿐더러 오히려 마약에 대하여 호기심만 불러일으킨 것은 아닐까 하는 걱정에 며칠 밤을 고민했다.

그렇게 며칠을 보낸 후 도저히 이런 찜찜한 기분으론 더는 교육현장으로 갈 수 없겠단 생각에 지엄한 선배에게 전화를 걸었다.

"선배 그… 히로뽕을 하믄 증상이 어케 나오지예?"

"책에 나오잖아. 와 바쁜 사람 붙잡고 야밤에 시비 거는 긴데?"

누가 누구에게 큰소리인가. 지 때문에 내가 이 고민을 하는 건데 어쩜 인간이 이렇게도 이기적으로 변할 수 있단 말인가. 따지듯 꽤 불편한 목소리로 한 번 더 선배에게 물었다.

"누가 그걸 몰라서 캅니까? 근데 그기 자세히는 안 나와 있어예."

"그라믄 그냥 중독자를 함 만나봐라. 직접 물어보믄 되겠네."

"이 양반이 진짜 보자보자 하니까 뭐라고예? 중독자를 직접 만나 보라고? 그라다 내 칼 맞으믄 선배가 임대료 내줄랍니꺼?"

너무 화를 낸 건가 하는 잠시의 미안함이 있고 난 뒤 선배는 내가 가라앉길 기다렸다는 듯 다음 말을 이어갔다.

"재규야! 그기 그렇지만은 않다. 니가 생각하는 거 맨치로 그렇지 않다."

내가 무슨 생각을 하는지 지가 어찌 안단 말인가. 하여간 아무짝에도 도움 안 되는 선배였다. 직접 알아보기로 결심한 후 서둘러 전화를 끊으려 했다.

"끊습니다. 뭐 이번 분기만 강의 나가믄 된다 했으니까 몇 달만 버텨보믄 되겠지예. 들어가소 인자."

전화를 끊으려는 그때 선배는 급히 내 이름을 불렀다.

"마! 이 약사! 부곡병원 함 가봐라. 가서 대구마약퇴치운 동본부에서 나왔다카믄 잘 안내해 줄 거니까 꼭 함 만나봐라 알았제?"

전화를 끊은 후 잠시 고민을 했다. 진짜 중독자를 한번 만 나볼까, 아니면 이대로 그냥 한 분기 지날 때까지 대충 때우다 끝낼까? 사실 마음으로 끝내고 싶었지만 학생들의 표정이 너 무 아른거려 조금 더 고민을 해보기로 했다.

국립부곡병원이란 국가에서 지정한 중독재활병원으로 시설 이나 규모 면에서 국내에서 제일가는 재활병원이었다.

첫 만남

첫 만남

첫 만남

      다음날 선배에게 전화를 걸어 담당자와 통화를 한 후 난 부곡병원을 방문해 보기로 했다. 막상 가려니 겁도 많이 났다. 영화에서 보면 마약중독자들은 마약한 상태로 누군가에게 해코지하거나, 아니면 정신줄 놓고 자신이 무슨 짓을 저지르는지도 모르는 사람처럼 나오니 겁이 나는 건 어쩌면 당연했다. 최대한 두꺼운 옷을 입고, 만약을 대비해 도망치기 편한 신발까지 갖춰 신고서야 난 부곡병원으로 출발할 수 있었다.

병원의 규모는 생각 이상으로 커 보였다. 약물중독진료소장을 만난 후 함께 입원 중인 중독자를 보기 위해 이동하였다. 두꺼운 쇠창살로 된 문을 세 군데 지나서야 입원 중인 환자의 병실에 도착할 수 있었다. 철문을 하나씩 지날 때마다 나의 심장은 쪼그라져 갔고, 병실에 도착했을 땐 후들거리는 다리를 들키지 않으려 꽤 애썼던 기억이 난다.

잠시만 기다리라는 수간호사의 말에 입은 바싹 말라 서둘러 물을 찾아 벌컥벌컥 들이켰다. 잠시 후 저 문을 열고 들어오는 사람은 반드시 머리에 뿔이 나있겠지 하며 갖은 망상에 시달리고 있을 때쯤, 삐걱거리며 적막한 방 안에 문 여는 소리가 울렸다. 난 벌떡 일어나 아침에 연습했던 완벽한 미소를 보여주며 인사를 했다.

"만나서 반갑습니다. 대구마약퇴치운동본부 이재규 강사라고 합니다."

나의 허리는 이보다 더욱 공손하게 인사할 수 없을 정도로 폴더 전화기마냥 굽혀졌다.

"안녕하세요. 이런 누추한 곳까지 찾아오셔서 정말 반갑습니다."

조심스레 허리를 펴고 본 중독자의 모습은 나의 예상과는 너무나 달랐다. 이빨이 빠지고 얼굴엔 주름이 가득해야 했으며 드문드문 검버섯이 피어올라 누가 보더라도 저 사람은 중독되었구나 하고 보여야 하건만, 상대방의 얼굴은 너무나 깨끗했고 다시 보니 잘생기기까지 한 번듯한 청년이었다.

당황했다. 예상과 다른 모습에 당황한 것도 있지만 주변에서 흔히 볼 수 있는 모습이기에 당혹감은 더욱 커진 것 같았다.

"원래 면회는 정해진 시간에만 가능한데 대구마약퇴치운동본부에서 나오신 분이라기에 특별히 허용했습니다. 편하게 궁금한 거 물어보신 후 면회를 마치면 말씀해 주시면 됩니다."

담당자는 말을 마친 후 방을 나갔고 남은 우리 두 사람 사이에는 굉장히 어색한 공기가 흐르고 있었다.

침묵을 먼저 깬 것은 상대방이었다.

"저…, 이재규 강사님이라고 하셨죠? 어쩐 일로 여기까지 오셨죠?"

잠시 동안 나가 있던 정신을 부여잡으며 고개를 흔든 후 몇 가지 질문을 하기 시작했다.

"필로폰의 증상에 대하여 여쭙고자 찾아왔습니다. 초면에 죄송하지만 몇 가지 질문 드려도 되겠어예?"

상대방의 미소로 대답을 대신 들은 난 궁금했던 질문들을 쏟아내기 시작했다.

"필로폰은 언제부터 어느 정도 하셨지예?"

"구력이요?"

"구력이예?"

"필로폰 마니아들은 몇 년 몇 년 안 하고 구력이라고 표현합니다."

"아! 그라믄 구력이 얼마나 됩니까?"

"10년 넘었어요."

이건 아니었다. 상대방은 지금 내가 마약에 대해 아무것도 모르고 있다고 농락하는 것이 틀림없었다. 10년이면 강산도 변하는 시간이다. 그 긴 세월 동안 마약에 빠진 상대방이 어찌 마약을 하지 않은 나의 모습과 비슷하단 말인가. 그래도 내가 누구인가. 영남대학교 약대를 우수한 성적으로 졸업을 하진 못했어도 대한민국 약사 자격증을 취득한 약사 이재규가 아닌가. 다시 한 번 정체성에 대해 확고한 신념을 다진 후 약사로서 들은 지식을 바탕으로 질문했다.

"그란데 제가 아는 거와 쪼메 다르네예."

"뭐가요?"

"필로폰을 장기 투약할 시 나타나는 대표적인 부작용과 쪼매 모습이 달라서예."

정곡을 찌른 날카로운 질문 탓인지 상대는 잠시 할 말을 잃은 채 말이 없었고, 대한민국 약사 자격증을 아무나 딸 수 없다는 사실을 정확히 인지시켜주는 아주 기분 좋은 시간이었다. 잠시 말을 잃은 중독자는 가만히 나를 응시하더니 도통 모르겠다는 투로 말을 이었다.

"저… 어디서 무엇을 보고 오셨는지 모르겠지만 그게 좀 달라요."

"다르다?"

"제가 어떤 마약을 했는지 아세요?"

무언가 내가 원하는 그림과는 다른 방향으로 흘러간다는 것을 직감했다. 정확하게 말하면 아차 싶은 마음이었다. 무작정 부곡병원을 찾아왔지만 상대방에 대해 아는 것이 아무것도 없었다.

'그래 그렇구나. 눈앞의 중독자는 필로폰이 아니라 대마나 다른 종류의 보다 정도가 약한 그런 마약중독자구나. 그래서 겉모습이 이렇게 깨끗했구나.'

낭패였다. 필로폰 중독자를 만나 증상과 부작용에 대해 들어야 할 이 시간에 다른 마약을 경험한 사람을 만나고 있다니…. 이런 낭패란 생각을 최대한 들키지 않도록 정중하게 사과를 한 후 다른 중독자를 만나려 난 서둘러 면회를 끝내려 했다.

"저…, 아무래도 제가 잘못 알고 왔네예. 전 필로폰 중독자를 만나러 왔는데…"

"맞습니다."

"네? 맞다고예?"

머릿속이 혼란스러워짐을 느꼈다. 우리의 대화가 어디서부터 엇나간 건지 갈피를 잡을 수 없었다. 상대는 분명 내가 말하던 증상과 부작용에 대해 전혀 모르고 있는 눈치였고 오히려 내게 어떤 마약인지 물어 왔다. 이런 혼란에 잠시 말없이 침묵이 유지될 때 그것을 먼저 깬 것은 다행히도 중독자였다.

"강사님이 말씀하시는 증상과 부작용 말입니다. 그게 어떤 마약 종류인지 그걸 물어본 거예요."

"당연히 필로폰 아니라예?"

중독자는 그럴 줄 알았다는 듯이 빙그레 웃으며 말을 이었다. 순간 기분이 나빠졌다. 상대는 중독자고 난 엄연히 강사 아닌가. 저 웃음은 분명 날 비웃는 것이었다.

"필로폰이 무엇인지 잘 모르시죠?"

본때를 보여줘야 했다. 난 약사다. 그것도 국가에서 어렵게 따낸 라이선스까지 갖춘 확실한 약사란 말이다. 알고 있는 모든 지식을 총동원해서 상대의 기를 눌러 주려 입을 뗐다.

"마황이란 식물에서 추출한 에페드린이란 성분을 혼합하여 메스…."

거기까지 말했을 때 상대는 다 듣지 않고 건방지게 말을 끊었다.

"그래요. 메스암페타민이 필로폰입니다. 그런데 필로폰이 뭔지 아시냐고요?"

장난하는 것도 아니고 무슨 질문이 이런가. 분명 메스암페타민이 필로폰이라고 설명을 해줬지 않은가? 하지만 이어지는 상대의 질문은 날 더욱 곤혹스럽게 만들었다.

"왜 필로폰을 하는 거라 생각하세요?"

대답을 할 수가 없었다. 왜 마약을 하지? 우리가 술을 마시듯 담배를 피듯 그런 이유에서일까? 한 번도 생각해보지 않은 질문이었다.

"필로폰이 몸 안에 들어와 어떻게 작용하는지 아세요?"

물론 이 또한 알 수 없다. 한 번도 경험해 보지 않았으니까. 책에 나와 있는 내용으로는 그저 머릿속의 도파민이 많이 분출되어 흥분하거나 각성을 시킨다고 나와 있지만 사실 이것이 어떤 기분인지는 모른다. 하지만 난 어떤 대답이라도 해야 했다. 왜? 난 약사이며 마약퇴치운동본부 강사니까.

"신경계를 건드려 도파민의 분출을 많이 시킨다고 알고 있어예. 도파민이란 물질은 우리 머릿속에 있는 물질로서 어떤 성취감을 이룰 때나 맛있는 음식을 먹을 때 행복감을 주는 물질로서…"

상대는 다시 나의 말을 끊었다. 이쯤 되니 슬슬 화가 나기 시작했다. 뭐가 그렇게 잘났다고 아는 체를 하는가? 심지어 자신은 약물에 중독된 중독자가 아닌가?

"조금은 답답해서 드리는 말씀입니다. 교도소에 강의를 하시던 분들도 그렇고, 재활을 도와주신다는 분들도 그렇고, 필로폰에 대해 전혀 모르고 계세요."

기분이 상한 탓인지 나의 말 또한 좋게 나가지는 않았다.

"뭐가 다릅니까? 아니 정확히 얘기하고 싶은 게 뭔데요?"

"일단 증상이 달라요. 강사님이 말하는 증상은 필로폰을 장기 투약한 저로서는 금시초문인 증상이에요. 그리고 도파민이 기분을 좋게 하는 건 알겠는데 사실 필로폰이 기분만 좋게 하는 건 아닙니다."

"증상이 달라예? 그라고 기분만 좋게 하는 게 아니라고예? 그라믄 또 뭐가 있는데예?"

가만히 눈을 감고 무언가를 생각하는 듯 보이던 중독자는 잠시 후 힘겹게 입을 열었다.

"제가 왜 이곳에 스스로 들어왔는지 아십니까? 누가 시킨 것도 아닌데."

당연하게 이 부분도 생각하지 않았다. 그러고 보니 궁금했다. 왜 마약을 했으며 스스로 이곳까지 들어와 철창 속에 자신을 밀어 넣었을까? 중독자는 말없이 창밖을 보고 있었다.

그 순간 난 알 수 없는 다른 기분을 느꼈다. 그것은 내 자신에 대한 실망 아닌 실망이었다. 날 너무 우습게 보고 있는 거 아닌가.

"필로폰이 기분을 좋게 만들고 쾌락을 준다, 이건 아주 일부분에 지나지 않습니다."

대꾸하지 않은 채 중독자의 입만 바라보고 있었다. 아니 어떤 대답이나 질문도 할 수 없었다.

"강사님이 보시기에 저의 모습이 어떤가요? 사진으로 보는 중독자의 모습인가요?"

"……"

"금단증상? 그런 거 없습니다. 손이 덜덜 떨리거나 마약을 달라고 울부짖는 그런 증상이 없어요. 그래서 더 무서운 겁니다."

무섭다는 표현은 생각지도 못했다. 저 표현은 중독자 자신이 아니라 내가 해야 하는 거 아닌가. 누가 억지로 시켜서 한 것도 아니고 본인들이 스스로 원해서 선택한 마약을 무섭다고 표현을 하고 있는 모습을 보며 오만가지 생각이 겹쳐졌다.

"아무런 금단증상도 없고 심지어 며칠 안 해도 일상생활에 아무런 지장이 없습니다. 이게 얼마나 지독한 건지 모르실 겁니다. 며칠만 안 해도 마치 내가 다시는 필로폰을 안 할 것 같은 생각을 준다니까요."

"그러면 왜 다시 필로폰에 손을 대시는 겁니까?"

"첫 잔의 기억!"

"첫 잔의 기억?"

마약투약자들은 마약을 '한잔'이라고 표현을 한다. 한잔은 주사기로 0.03그램.

그때 본 중독자의 눈빛을 잊을 수가 없다. 그것은 아주 강렬한 열망이었다. 스스로 원해 재활병원에 입원해 있는 환자의 눈빛이 아니었다. 잃어버린 첫사랑을 찾는 듯한 아주 강한 인상이었는데, 기약 없이 떠나버린 그 여인을 기다리는 그런 눈빛이었다. 하지만 그 찰나의 눈빛은 이내 세상 모든 것을 잃어버린 듯한 아주 처연한 눈빛으로 변해 있었다.

면회시간이 종료되었다. 재활담당자가 문을 열고 들어와 중독자를 데리고 나가려 할 때 중독자는 뒤돌아 다시 한 번 나에게 강렬한 한 마디를 남겼다.

"필로폰은요, 끊을 수 있는 게 아닙니다. 죽어야 끝나는 겁니다."

필로폰 중독의 의미

필로폰 중독의 의미

부곡병원에서의 면회는 나에게 강렬한 인상을 남겼다. 한 번도 하지 않은 질문, 생각도 못했던 질문들을 하게 만들었다. 지금이야 필로폰에 대한 연구가 활발히 진행되어 필로폰 중독자들에게 재활을 도와줄 수 있는 자료가 많지만 그때는 달랐다.

1990년대 사람들의 인식 속엔 마약은 그렇게 어둡거나 위험한 약물로 인식되지 않았다. 심지어 80년대 초반만 하더라도 촌 동네엔 공공연하게 '히로뽕팝니다'라는 문구를 전봇대

나 공공화장실에 전화번호까지 붙여가며 팔던 그런 시대였다.

우리가 흔히 보았던 영화나 드라마에서 묘사하는 마약중독의 증상은 엄밀히 말해 필로폰의 증상이 아니라 아편이나 헤로인 같은 마약류의 증상이다. 그 시절만 하더라도 서양의술로 마약을 연구하고 공부하던 시기라 당연히 사람들의 인식 속엔 모든 필로폰 중독 증상이 아편이나 헤로인 같이 중추신경을 마비시키는 약물과 동일하다고 인식하고 상담했다.

그러나 필로폰은 중추신경에 작용하는 각성제이며 흥분제로 작용하기 때문에 금단증상은 아편류와는 달리 신체적 금단증상이 별로 나타나지 않는다는 것을 나도 잘 몰랐다.

아편류는 약물을 하다가 중단하면 몸에 나타나는 금단증상이 심하다. 그러나 필로폰은 금단증상이 거의 나타나지 않기 때문에 본인도 가족도 심지어 의사까지도 나타나는 증상만 보고는 중독자인지 아닌지를 혼란스러워 할 수 있다. 그러니 중독자 본인도 가족도 모두 중독이 아니라고 생각하며, 의지만 가지면 얼마든지 끊을 수 있다고 느끼고 보이기 때문에 모두가 속는 것이다.

부곡병원에서 중독자와의 만남은 나에게 새로운 질문을 던지게 했다. 왜 필로폰을 끊을 수 없을까, 왜 죽어야 끝난다는 표현을 했으며 그것을 무서워하고 있을까?

이 질문에 명확한 답을 낼 수 없는 상태로 다시 학생들에게 약물 오남용 예방 강의를 한다는 것은 내 자신에 대한 무책임이며 또한 약사로서 자존심이 상하는 일이었다. 며칠을 고민 끝에 난 선배에게 전화를 걸어 정식으로 마약퇴치운동본부 재활강사교육을 신청했다. 그리고 선배에게 자문을 구한 뒤 서울에서 열리는 한국마약퇴치운동본부 심포지엄에 참석했다.

심포지엄은 2박 3일에 걸쳐 진행됐다. 정신병원 원장이 보는 마약중독자, 검찰청과 경찰이 보는 중독자, 그리고 재활병원과 마약퇴치운동본부에서 보는 중독자 등 각 전문분야별로 중독의 증상과 재활의 방향, 법적인 조치 등을 다루어 다양한 정보를 얻을 수 있었다.

첫날 모든 강의를 듣고 난 후 숙소에 도착했을 땐 이미 파김치가 되어있었다. 너무 많은 정보를 한꺼번에 입력한 탓인지 머리는 뒤죽박죽으로 이미 과부하가 걸려 있었고, 그저 쉬고 싶다는 생각이 간절했다.

그런데 숙소에 도착한 후 조금 당황스러운 광경이 펼쳐졌다. 숙소는 본부에서 지정해준 호텔이었는데, 당연히 2인 1실 내지 1인실일 거라 짐작했는데 막상 도착해보니 5명이서 한 방을 쓰라고 한 것이었다. 살짝 불쾌한 기분이 들었다. 전국에서 생각지도 못하게 많은 인원이 참석했다는 것은 알았지만 그래도 명색이 예방교육 강사인데 너무 푸대접이 아닌가 하는 생각도 들었다.

잠시 방 안에 앉아 있은 후 그냥 개인 사비로 근처 모텔을 잡을 요량으로 일어나 채비를 차릴 때였다. 함께 방을 쓰는 사람 중 누군가가 저녁을 일찍 먹어 출출하니 치킨이나 시켜먹자는 말에 다들 동조하는 분위기였고, 듣고 보니 나도 야식이나 먹고 가자는 마음에 다시 자리에 앉았다. 치킨과 맥주는 당연한 궁합이다. 당연히 치킨을 뜯으며 맥주 한잔씩을 돌렸고 어느새 그 자리에서 처음 보는 사람들과 두런두런 수다를 떨기 시작했다. 함께 방을 쓰던 사람들은 모두 지역도 달랐고 직업도 달랐다. 유일하게 같은 관심사는 두 말할 것도 없이 그것은 마약이었다.

술이 몇 순배 돌고 서로의 나이, 지역, 이름 등 시시콜콜한 것들을 알게 되었을 때 난 계속 머릿속에서 떠나지 않는 고민, 그러니까 필로폰의 증상과 왜 죽어야 끝나는 것일까라는 질문을 사람들에게 던졌던 것 같다. 당연히 어떤 명쾌한 답을 원한 것은 아니었다. 그저 떠나지 않는 고민을 잠시 내려놓을 요량이었지 고민이 쉽게 풀릴 거라는 것은 예상하지 않았다. 하지만 들려온 대답은 너무나 뜻밖이었다.

"며칠 전에 부곡병원이란 곳을 갔는데요, 그곳에서 한 중독자를 만났어요. 저는 그전까지 중독자의 모습이 나와 많이 다를 거라는 생각을 했는데 나와 별 차이 없는 것 같아 보여 당황했다 아입니까."

"그래유? 왜 다를 거라 생각했슈?"

나의 말에 대꾸를 한 이는 충청도가 고향이라는 30대 신사장님으로 순대국 식당을 하는 분이었다.

"중독자는 흉악스럽게 생기고 머리에 뿔도 나 있을 거라 생각했지예. 그런데 막상 보이 그냥 옆 동네 총각처럼 보이더라고예."

"내 모습은 어때유? 막 흉악스럽게 보이나유?"

"인물이 좋으십니다. 시원시원하게 사업도 잘하실 거…."

그 순간 난 무언가 이질감을 느꼈다. 방 안의 공기가 답답해서가 아니라, 술을 마셔서가 아니라, 나를 보는 저 사람들의 눈빛이 다르게 느껴졌다. 저들은 왜 이곳에 온 것이지? 직업도 지역도 모두 다른데 왜 마약에 관심을 가지고 심포지엄에 참석을 한 것이지? 나는 설마 하는 심정으로 신 사장님께 물어봤다.

"저… 혹시 신 사장님도…?"

맥주 한잔을 시원하게 마신 후 호탕하게 웃는 신 사장님은 치킨을 들고 아무렇지도 않게 말을 이었다.

"이재규 강사님이라 했지유? 강사님이 보시기에 여기 있는 사람들 4명 다 머리에 뿔이 나 있는 거처럼 보여유?"

그제서야 한 가지 의문이 풀렸다. 그렇구나! 이들은 모두 마약에 중독된 자들이구나. 이들은 마약을 끊고 싶어서 심포지엄에 참석을 한 사람들이구나. 나의 생각이 맞는다는 듯 서울에 사는 30대 청년 하나가 답을 말해 주었다.

"우리들 모두 마약을 끊고 싶어서 참석한 사람들입니다. 원래 회복자는 회복자들끼리만 방을 배정해 주는데 저희도 조금 의외라고 생각했어요."

아마 나의 고민을 알고 있던 선배의 배려가 아니었나 싶었다. 심포지엄에 참석해 이론적인 강의를 듣는 것도 좋지만 사실 제일 좋은 방법은 중독자들에게 직접 들으면 좋은 거 아닌가. 주최 측의 실수가 아닌 선배의 배려라는 확신이 들었다. 순간 푸대접을 했단 생각이 무안할 만큼 난 활기가 돌기 시작했다. 그리고 계속해서 머릿속에 남아 날 괴롭히던 질문들을 방 안에 있는 사람들에게 쏟아내기 시작했다.

"필로폰의 증상이 다들 다르다고 하던데 그 말이 맞습니까?"

이번엔 경상도에서 올라온 40대 아저씨가 대답을 해주었다.

"증상이 다 다른 것은 사실입니다. 누군가는 필로폰을 하고 섹스에 꽂히고, 누군가는 환상을 보고, 누군가는 귀신도 보고, 누군가는 자신을 감시하고 있는 거 같은 착각도 하고요."

"대표적으로 나타나는 증상 같은 거 없어예?"

"없습니다. 정말 너무 달라요. 저희도 그게 이상합니다. 분명 한 가지 약물을 몸에 주입한 것인데 어떻게 이렇게 증상이 다 다를 수 있는지…."

그들은 정말로 궁금해 하고 있었다. 어째서 필로폰이라는 한 가지 약물을 몸에 넣었는데 나타나는 증상은 이렇게도 다른 걸까 하고.

난 다른 질문을 하기 시작했다.

"그라믄 필로폰을 끊을 시 금단 증상 같은 건 없습니까?"

물론 부곡병원에서 만난 중독자에게 이미 들었던 대답이지만 그래도 확인하고 싶었다. 그 사람의 체질이 이상한 것일 수도 있지 않은가. 담배를 끊어도 금단현상이 있는데 어찌 마약을 끊었는데 금단증상이 없을 수가 있을까?

"있습니다. 아주 지독한 금단현상이 있지요."

여태 듣고만 있다가 대답을 한 사람은 서울에 사는 50대 택시기사 박 모 씨였다. 박 씨는 필로폰에 취한 상태로 택시를 몰다 사고를 내 구속됐었고, 그 후로 총 5번의 교도소 생활을 했던 중독자였다. 박 씨는 금단증상이 아주 지독하다고 말을 했다.

그렇다. 금단증상이 어떻게 없을 수가 있을까. 어떤 증상이기에 지독하다고 할까? 다음 말을 기대하며 난 박 씨를 가만히 응시했다.

"사는 게 지옥입니다."

이것은 내가 원한 대답이 아니다. 지옥이 무엇인지, 아니 가본 적도 없으면서 무슨 지옥 타령인가. 어쩌면 이 대답은 지옥불처럼 뜨거운 무언가가 몸을 계속 뜨겁게 달궈 타 들어가는 고통을 대신한다는 것일까? 난 다시 질문했다.

"몸이 막 아프고 그래예? 뜨겁고 열나고?"

"외적으로 보이는 증상은 없습니다. 때에 따라서 구력이 10년 이상이면 간이 많이 손상되거나 뇌세포가 죽어 말이 조금 어눌해진다거나 하는데 이것도 굉장히 극히 일부분에 지나지 않고요. 주사기를 나눠 쓰다 보니 C형 간염에 걸릴 수도 있는데 정확히 말하면 이건 재수가 없는 경우고요."

이런 증상 같은 것은 일반인들 누구나 올 수 있는 경우 아닌가. 술을 자주 마시다 보면 간이 손상될 수도 있는 거고…. 내가 원하는 대답은 이런 것이 아니었다. 하지만 그들은 정확하게 말했다.

우리가 알고 있는 금단증상, 그러니까 영화 '친구'에서 유오성처럼 몸을 덜덜 떨거나 퀭한 눈빛을 띠는 것은 극히 일부분. 그러니까 원래 몸이 약한 사람에게 나타나는 증상이지 대부분은 아무런 증상이 없다고 했다. 필로폰을 한 후 며칠 바라시[1]를 잘하면 일상생활에 아무런 지장이 없다는 것이었다.

답답했다. 저들은 알고 있고 나만 모르는 그 느낌이. 그렇다고 필로폰을 경험하고 싶은 생각은 아니었지만 말로 표현할수 없는 무언가를 느끼고 있는 저들의 상태가 궁금했다.

"그라믄 뭐가 지옥처럼 고통스럽다고 하는 건데예?"

방 안엔 아무 소리도 들리지 않았다. 치킨을 뜯던 사람들도 그들의 답변을 기다리는 나 역시 조용히 박 씨를 바라보고 있었다.

"이재규 강사님은 무엇을 할 때 가장 행복합니까?"

행복? 여기서 그 말이 왜 나오지? 당연히 자신만의 행복이 있지 않은가. 약사가 되었을 때 행복했나? 사랑하는 여자와 결혼 했을 때? 자식을 낳았을 때? 처음으로 차를 사거나 원하는 물건을 가졌을 때?

박 씨의 질문은 굉장한 마음의 파동으로 다가왔다. 난 태어나서 한 번도 하지 않은 질문을 내 자신에게 던졌다.

'난 무엇을 할 때 가장 행복한가? 아니 정확히 행복은 어떤 기준인가? 무엇이 행복이라는 걸까? 내가 생각하는 행복의 기준과 저 박 씨가 생각하는 행복의 기준이 같을까?'

이 의문은 중독자들을 전혀 다른 시각으로 바라보는 전환

---

1) 바라시 : 중독자들의 은어. 마약을 한 후 몸을 돌보는 과정. 예를 들어 마약한 상태에서는 입맛이 사라져 굶었으니 영양을 보충하고 잠을 푹 잔다던가하는.

점이 되었다.

"그러고 보니 우리 중독자들 모두 한 가지 같은 증상을 겪고 있는 거 같습니다. 사는 게 지옥입니다. 왜 사는 게 지옥일까요? 강사님이 지금 무엇으로 행복을 느끼고 있던지 간에 만일 강사님에게 행복의 기준과 가치가 바뀌는 일이 생긴다면 어떨까요?"

어려웠다. 내가 무엇으로 행복한지에 대한 답이 없는 상태에서 저 질문은 더욱 나를 혼란스럽게 했다.

"우린! 행복의 기준과 가치가 마약으로 바뀐 사람들입니다."

화가 났다. 너무나 무책임하고 이기적이라는 생각이 들었다. 그렇다면 자신만의 행복을 위해서 남아있는 사람들은, 곁에 있는 사람들은 안중에도 없다는 말인가? 사회가 말하는 법과 규정을 행복을 위해서라면 버려도 된다는 건가? 당장 자리를 박차고 일어나서 시원하게 욕이라도 해주고 싶었지만 그럴 수 없었다. 아직 남아있는 의문이 있다.

그래. 자신의 행복을 위해 모든 걸 버리고 마약을 투약했다고 치자. 그건 자신의 선택이었고 모든 걸 버릴 정도로 가치가 있다는 궤변이겠지만 그건 자신만의 신념이니 인정해 준다 치자. 그러면 도대체 왜 끊으려고 하는 걸까?

죽을 때까지 아무도 없는 곳으로 가서 필로폰이나 투약하며 살다 죽으면 되지 왜 심포지엄까지 찾아오고, 왜 재활병원까지 스스로 들어가 끊으려고 하는 걸까? 분노를 가라앉히고 최대한 차분하게 박 씨를 응시하며 난 물었다.

"박 선생님 말씀처럼 행복의 기준과 가치가 바뀐 거라면 이제 와서 끊으려는 이유가 뭡니까? 가족들 때문에? 아니면 돈이 떨어져서? 이유가 뭡니까?"

난 보았다. 저 눈빛을. 부곡병원에서 보았던 그 중독자의 눈빛이었다. 그리고 보니 방 안의 다른 사람들도 같은 눈빛을 하고 있었다.

"무섭습니다. 이젠… 정말 지긋지긋해요. 여기서 나가고 싶습니다."

버럭 소리를 지를 뻔 했다. 방금 전까지 행복의 기준이 어떻고 하며 궤변을 늘어놓더니 저 공포에 질린 눈빛은 무엇인가? 무엇이 저렇게 공포에 질리게 만드는 걸까? 필로폰은 도대체 그 증상이 어떻기에 사람을 저렇게 만드는 걸까?

그 말을 끝으로 방 안엔 적막만이 맴돌았고, 재활강사인 나 역시 딱히 해줄 말이 없기에 조용히 방을 빠져 나왔다. 이틀을 더 심포지엄에 참석하고 나서도 난 이렇다 할 해답을 찾지 못한 채 대구로 돌아와야 했다.

무엇이 무서운 걸까? 그들은 분명 공포에 질린 눈빛이었다. 하지만 한편으론 다시 필로폰을 하고 싶어 하는 눈빛이었다.

문제가 단순하지 않고 굉장히 복잡하게 얽히고 얽혀 있다는 것을 깨달았다. 마약은 끊을 수 없다. 죽어야 끝난다. 그들이 말하는 대로 행복의 가치와 기준이 바뀌어서 하는 말일까?

머릿속이 더욱 복잡해졌다. 분명한 건 그들은 범법자이며 또한 환자였다. 난 어떤 시선으로 그들을 바라봐야 하는지, 정확히 중독자란 무엇인지에 대하여 정의를 내릴 필요가 있다는 생각이 들었다.

중독이란 무엇일까?

필로폰이란 약물이 몸에 들어갔을 때 사람마다 각각 다른 현상으로 나타난다고 했다. 그렇다면 필로폰이란 물질의 문제도 있지만 그것보다 더 깊은 인간 내면의 문제가 있지 않을까? 우리는 무엇을 할 때 행복한가? 행복의 정확한 기준은 있는 걸까?

질문은 꼬리에 꼬리를 물 듯 이어졌고, 그때의 난 약국 일도 손에 잡히지 않을 만큼 그 질문 속으로 들어갔다. 드러난 현상과 어떤 일의 성취를 통해서 얻어지는 것이 행복의 기준이라면 그것 또한 모순이 있다. 저마다 삶의 방식과 환경과 배경이 다른데 어떻게 그것이 절대적인 기준이 될 수 있을까. 가령 내가 약사가 된 것이 행복이라면 약사가 되지 않은 사람은 행복이 없다는 말이 되는 것이 아닌가. 이건 사람마다 모두 행복의 기준이 다르기 때문에 일반화시킬 수 없다는 결론을 내렸다.

사람마다 행복을 말하는 기준은 모두 다르다. 그건 살아온 배경과 그 사람의 성향이 다르기 때문이다. 하지만 중독자들은 똑같다. 그들 모두 다른 배경과 성향을 갖고 있지만 공통적으로 마약을 할 때 행복하다고 했다.

'어떻게 같아질 수 있는 거지? 너무 다른 사람들인데 어째서…? 마약이 모든 행복의 기준을 바꿀 만큼 자극적인 걸까? 그들이 말하는 첫잔의 기억이 얼마나 강력하기에 돌이킬 수 없는 중독자가 된 걸까? 엄밀히 말하면 그들 부류는 어째서 같은 행복을 느끼고 있는 걸까?'

그때 당시 이 고민은 몇 달을 날 괴롭혔던 것 같다. 우연히 시작된 약물 오남용 예방 강의로 인해 삶의 가장 근원적인 질문을 하게 될 거라곤 상상조차 하지 못했다.

행복의 기준과 가치가 바뀌었다는 말은, 바꿔 말하면 마약을 만나기 전에는 그들도 우리들과 같이 일상에서 자신들만의 행복을 느끼고 살았다는 말이 된다. 그 기준이 한 가지로 바뀐 거다. 그 한 가지가 너무 강력한 나머지 이제 다른 일상에서는 행복감을 느낄 수 없는 상태.

가령 맛있는 음식을 먹을 때나, 좋은 곳에 가거나, 친구들과 재밌게 술자리를 가지는 소소한 재미가 이제는 너무나 강렬한 어떤 자극 때문에 모든 것이 시들해진 상태. 그리고 그 자극이 너무 좋은 나머지 매일같이 그것만 생각하고 기다리는 상태.

난 이것이 중독이란 것을 깨달았다. 의학적으로나 심리적으로 다른 표현도 있겠지만 지극히 개인적인 생각으로 난 이것이 그들이 말하는 중독 상태가 아닐까 하는 결론을 내렸다.

하지만 이 결론은 또 다른 질문을 만들어냈다. 그래, 이것이 그들이 말하는 중독 상태인건 알겠다. 그런데 왜 무서워하는 거지?

그들은 두려워하고 있었다. 분명히 간절히 벗어나고 싶어했다. 다시 혼란스러워지기 시작했다. 그때 한 가지 다른 생각이 떠올랐다.

혹시 내가 마약이란 것으로 일반화시키고 있는 것은 아닐까? 혹시 그들도 마약을 한 것이지 저마다 다른 행복의 기준을 갖고 있는 것은 아닐까? 마약 했을 때의 상태가 사람마다 다르다는 것은 그들 모두 다른 것을 기대하며 필로폰을 투약했기 때문은 아닐까? 그리고 투약한 상태에서 어떤 행동을 했을 때, 그때 오는 성취감이 더 큰 것 아닐까?

만일 그렇다면 더 큰 문제다. 이 문제를 일반화시키거나 대응책을 만들 수 없다는 말이다.

우린 병원에 가면 증상에 따라 약을 처방 받는다. 이렇듯 어떤 바이러스가 우리 몸에 침투하게 되면 비슷한 증상을 겪게 된다는 통계가 나오게 되고, 그 통계를 바탕으로 해서 역으로 해결할 방법을 찾아가는 것이다. 하지만 필로폰은 다른 마약과는 조금 다르다. 아편이나 헤로인 등은 비슷한 증상들이 나타나지만 필로폰은 예측할 수 없는 또 다른 증상들이 나타나기 때문에 금단증상을 보고 상담하고 처방하기 참 어렵다.

설상가상으로 행복의 기준과 가치가 바뀌었단다. 모든 사람이 행복의 기준과 가치가 다르기 때문에 그것은 일반화시킬 수 없다.

원래 가지고 있던 그 사람의 행복의 기준이 만일 필로폰을 투약한 상태에서 극대화된다면?

만일 운전하는 것이 즐거운 사람이 필로폰을 한다면?

만일 섹스하는 것이 즐거운 사람이 필로폰을 한다면?

만일 학생을 가르치는 것이 즐거운 사람이 필로폰을 한다면?

그리고 그 필로폰이 그 사람과 잘 맞아 즐거움을 극대화시켜 준다면?

무엇이 그들을 두렵게 한 것인지 조금은 이해가 가는 순간이었다. 단순하게 쾌락이겠거니 한 나의 예상과는 다르게 필로폰은 그 사람이 원래 갖고 있던 행복의 기준을 더욱 극대화시켜주기 때문에 이젠 필로폰을 투약하지 않은 일상에서는 그 일을 행할 때 성취감이나 행복감이 없어진다는 것이었다.

하지만 이 깨달음 역시도 마약퇴치운동본부 본부장으로서 수많은 중독자들을 만나본 결과 이것이 필로폰 약효의 일부분에 지나지 않았다는 것을 알 수 있게 되었다.

마약사범

마약사범

우연히 시작한 약물오남용예방 강사는 내 삶에 다른 포인트가 되기 시작했다. 약사로서 다른 삶의 이유가 생긴 것이었다.

궁금했다. 호기심이 많아 학자나 박사가 될 거라고 생각하진 않았지만 그래도 이상하게 너무 궁금했다. 왜 그들은 마약을 선택했을까, 정말 끊는 방법은 없는 걸까, 죽어야 끝나는 것일까?

중독자에 대하여 조금 다른 시각으로 볼 수 있을 때쯤 우연히 한 통의 전화를 받았다. 서울 심포지엄에서 만나 명함을 주고받은 사이였던 전경수 교수였다.

광운대학교 정보복지대학원 마약범죄학과 교수인 그는 원래 마약수사대에서 오랫동안 형사생활을 했던 인물이었다. 우연히 한 중독자에게 작은 도움을 주게 되었고, 그 중독자가 바르게 갱생의 길을 걷는 것을 보고 감동을 받아 조금 더 깊게 중독자들에 대하여 연구를 시작한 보기 드문 교수였다.

사실 대부분의 경찰이나 검찰은 마약사범을 싫어한다. 오죽하면 숨소리 빼고 모든 것이 거짓말이라고까지 표현할까. 맞는 말이긴 하다. 나중에 알게 된 것이지만 정말 숨소리 빼고, 아니 어떨 땐 숨소리마저도 거짓으로 느껴졌던 경우도 있었다.

전경수 교수는 심포지엄에서 우연히 함께 식사를 하게 되었는데, 그때 나의 관심사와 궁금증에 대하여 매우 좋게 보았던 것 같았다.

"이재규 약사님 맞으시죠?"

형사 생활을 오래한 사람답게 조금 탁한 목소리를 가졌는데 듣자마자 단번에 기억이 났다.

"네 맞습니다. 전경수 교수님"

자신을 바로 알아봐 준 것이 고마운지 껄껄거리며 한참을 웃은 후 우린 짧게 서로의 안부를 물었고, 곧바로 본론으로 들어갔다.

"한국사이버시민마약감시단이라는 것이 있습니다. 들어보셨습니까?"

물론 들어본 적 없다. 이름이 길어 외우기도 힘들다는 생각을 하고 있을 때쯤 전 교수는 한 가지 부탁을 했다.

"대구 쪽 단장을 맡아 주시면 안 되겠습니까?"

정말 우연히 만난 사이였고 가볍게 명함을 주고받은 사이인 것을 감안했을 때 과연 이런 부탁을, 그것도 전화로 할 수 있는 사람이 얼마나 될까 하는 생각을 했다.

돌이켜 생각해보면 그럴 법도 했다. 그 당시엔 지금처럼 전문적으로 상담사나 재활강사가 있는 것도 아니고 대부분 마약류는 당연히 약사가 더 잘 알겠지 하는 생각이 일반적인 시대였으니까. 그렇다고 이 부탁이 무례하다거나 기분이 나쁜 건아니었다. 그저 당황을 한 거다. 너무 갑작스럽게 아무것도 아닌 것처럼 부탁한 자리가 한 지역을 담당하는 단장이었으니까.

"어… 음… 교수님 말씀은 고마운데예… 그게…"

당황스러움에 말을 잇지 못할 때 전경수 교수가 선수치듯말을 이었다.

"어려운 거 없습니다. 홈페이지에 마약 때문에 고민하거나상담을 원하는 사람을 위해 글만 올리면 됩니다. 대구 번호로약사님 전화번호 남겨 놓으면 되고요."

아무리 생각해도 정말 아무것도 아닌 것처럼 말하는 것에 비해서 내용이 어마어마하다고 느껴지는 것은 왜일까.

"그럼 부탁 들어주시는 것으로 알고 홈페이지에 이름 올려 놓겠습니다. 다음에 대구 갈 일 있으면 대포나 한잔 하시죠."

대포나 한잔 하는 게 문제가 아니라 대포를 맞은 기분이었다. 뭔가 순식간에 나타나 '쾅' 하고 끝났다. 이렇게까지 일방적으로, 그것도 한 지역의 단장을 전화 한 통으로 끝내다니. 당시 내가 고생한 것이 생각나서일까 조금은 악의적인 해석을 한 것 같다.

전경수 교수의 소개로 대구 지역 한국사이버시민마약감시단 단장을 맡게 되었지만 상담신청은 거의 들어오지 않았다. 솔직히 마약을 하면 모두들 숨고 싶지 누가 드러내 놓고 상담을 신청 하겠는가. 이름부터가 거창한 한국사이버시민마약감시단은 경찰, 의사, 약사, 각 분야의 교수들과 관심 있는 시민들의 참여로 전경수 교수가 주축이 되어 만들어진 사이버상의 조직이었다.

그렇게 얼마동안 이름만 올려놓고 있다가 그래도 대구지역 단장인지라 시민감시단 회원들과 오프라인 상에서 만남을 준비했다. 그때 참석했던 감시단원 중에 정신병원 원장과 경찰청 마약수사대장이 적극적으로 모임에 참여하면서 우리들의 모임사진이 언론에 크게 나가 본의 아니게 감시단이 지역사회에 알려지게 되었고, 그 후로 전화가 몇 통 왔었다.

그 당시로는 이해할 수 없는 마약중독자들과의 혼란스러운 상담과, 가족들로부터 간간이 걸려오는 고통스러운 하소연 전화에 조금씩 지쳐갈 무렵 또 한 통의 전화가 걸려왔다. 조금은 신경질적으로 전화를 받았다.

"로칼약국입니다."

상대방은 말이 없었다. 가뜩이나 짜증이 난 상태였는데 장난 전화란 말인가. 전화를 끊으려 할 때 조심스럽게 작은 소리로 상대방은 말을 했다.

"저… 거기가 사이버시민마약감시단 상담하는 곳인가요?"

"아니요 여긴 약국입니다."

모기처럼 작은 소리로 뭐라고 하는지 제대로 듣지 못한 난 그냥 전화를 끊으려 했고 다행히 끊기 직전에 내가 무엇을 맡고 있었는지 생각이 들어 다급하게 말을 이었다.

"네! 네 맞습니다. 상담하는 곳 맞아예."

상담을 신청한 사람은 대구에 사는 20대 남자 대학생이었다. 우연히 친구들과 놀다 유학생활을 했던 친구가 가져온 대마초를 피웠는데 그날부터 지금까지 혹시 자신이 구속될지도 모른다는 불안감에 떨고 있다고 했다.

"엄밀히 말하면 대마를 피운 것은 위법 맞지요. 맞는데 설마 고거 한 번 피웠다고 붙잡아 가겠어요?"

"그…렇…겠죠?"

"그라믄예. 우리나라가 그래 빡빡하게 하진 않습니더. 호기심에 한 번 피웠는데 그걸 형사들이 들이닥쳐가 꼼짝 마! 넌 포위됐다! 이라겠어예?"

"정말 그렇겠죠?"

"그라믄예! 대마가 몸에 안 좋고 그거 피우믄 마약류 관리에 관한 법 위반은 맞는데, 형사들도 바쁠 텐데 그렇게 무섭게 하진 않을 겁니더."

"거기 상담하는 곳 맞죠?"

"맞습니다. 제가 담당자고요."

"그러니까… 우연히 친구들과 놀다가 한 것이니까 엄연히 위법은 맞지만 형사님들이 바쁘니까 한 번은 봐줄 거라는 말이죠?"

"인자 얘기가 통하네."

"그냥 자수하러 갈게요. 여기 못 믿겠어요."

끊었다. 내가 뭐라 더 말하기 전에 학생은 끊어 버렸다. 이 대목만 보더라도 그 당시 내가 얼마나 순진하고 어수룩했는지 알 수 있는 대목이다.

우리나라 사법체계는 마약류에 대하여 굉장히 엄중히 다스리는 국가 중 하나다. 서양만 하더라도 대마는 합법화된 곳이 많지만 한국은 그렇지 않다. 마약에 관련된 것은 아예 싹을 자르는 체계를 가지고 있다.

전화를 끊고 한참을 멍하니 있었던 것 같다. 내가 지금 무슨 말을 한 거지? 난 엄연히 사이버마약감시단 단장이 아닌가. 그런데 이런 무책임하고 말도 안 되는 상담을 하고 있는 거지? 뭔가 잘못된 점을 느꼈다. 중독자들의 상태만 신경 쓰다 보니 내가 모르고 있는 부분이 안 보였던 것이다. 우리나라 사법체계가 어떤지 마약사범이 왜 그렇게 마약을 하면서 필사적으로 숨는지 아무것도 모른다는 생각이 들었다.

급히 전경수 교수에게 전화를 걸었다.

"교수님 마약류관리법에 관한 책들 좀 보내 주이소."

전경수 교수는 관련 책들을 보내왔다. 낮에는 약국 일을 하고 밤에는 관리법을 공부하느라 때 아닌 수험생 같은 생활을 한동안 해야 했다.

그러나 대부분의 감시단 활동은 사이버 상에서 이루어졌다. 중독자 가족들의 아픔을 들어주고 마약의 위험성을 이론적으로나 약물학적으로 설명해 주는 것이 대부분이었다. 때로는 마약사범들이 어떤 처벌을 받게 되느냐와 교도소에 정말 가는지에 대한 상담도 있었다. 많은 사람들이 법적인 처벌을 두려워하면서도 마약 끊는 것을 도와달라는 사람은 적었다.

만일 당신이 호기심으로든 아니면 상습적이든 마약을 투약했다는 가정하에 실제 마약사범이 검거되면서 겪게 되는 일을 중독자와 인터뷰한 내용을 토대로 말해야 할 것 같다.

어떤 경로로든 마약을 투약한 후 일단 잡히면 수갑 차고 경찰차 뒷자리에 앉아 경찰서로 끌려간다. 이미 어느 정도 조사가 끝나있는 상태에서 진행하기 때문에 사실 거짓을 말해도 소용은 없다. 육하원칙에 의거해 조서를 꾸미기 시작하는데 대부분 거짓을 말하면 경찰이 믿어줄 거라고 착각을 한다.

사실 경찰은 마약사범의 조사가 이미 끝나있고, 누구한테 약을 받았는지 알고 있지만 일부러 모른 척하며 다 받아 적어준다. 이때 대부분 마약사범은 경찰들이 자신들의 말을 믿고 있다고 착각을 하며 더욱 거짓말을 하기 시작한다. 말해주는 내용 그대로 받아 적은 경찰은 조서를 검사에게 보낸다. 조서 마지막 줄엔 마약사범이 수사에 혼란을 야기하는 등 반성의 기미가 보이지 않는다는 몇 줄을 추가해서.

이 마지막 줄은 정말 큰 효력을 발휘하는데 검사가 판사에게 재판을 넘길 때 마약사범의 구형량을 최대한 높게 잡아 버리는 마법의 효과를 가지고 있다. 마약사범은 짧으면 2일에서 10일 정도 경찰서 유치장에서 지내며 중간중간 검찰청으로 불려가 검사에게 다시 조사를 받기 시작한다. 이때 기적적으로 검사의 권한 아래 교육조건부기소유예[2] 라는 것을 받기도 하지만 대부분 정신병원의 마약병동치료를 조건으로 기소를 유예하는 검사의 선처가 그 당시에는 대부분이었다. 그러다가 대구마약퇴치운동본부에서 시작된 교육조건부기소유예제도가 활발해지면서 전국적으로 확산되어갔다.

이것은 말 그대로 범인이 반성의 기미가 뚜렷하게 있고 수사에 적극 협조하였으며 평소 지병을 앓고 있다는 등의 사유로 정말 기적적으로 교육조건부기소유예 처분을 받기도 한다.

교육조건부기소유예 제도는 사실 잘 내리지 않는 처분이지만 전국 마약퇴치운동본부 12개 지부 중 대구지부가 처음으로 교육조건부기소유예 대상자를 교육한 사례가 있는데 이 사례는 나중에 이야기하겠다.

만일 당신이 마약투약을 지속적으로 하고 있던 상태라면 이미 당신의 신병에 대한 조사는 모두 끝난 상태며 누구에게 약을 받았는지, 어디서 약을 했는지 이미 경찰과 검찰은 알고 있다. 이것은 우리나라 수사기관이 참 잘하고 있는 부분이기도 한 것인데, 수사방법은 기밀이기에 여기에 자세히 쓸 수 없다는 것이 아쉽지만 이것 한 가지만은 분명히 명심했으면 한다.

---

2) 교육조건부기소유예 : 책임 있는 기관에서 일정시간동안 교육을 받으면 기소를 유예하는 제도로서 마약사건에서는 많이 적용되지 않았다.

당신이 마약을 아무도 모르게 한다고 한들 그 약이 유통되는 경로와 도매상과 소매상들의 정보가 이미 각 관할 마약수사대에 있기 때문에 설령 아무도 없는 곳에서 혼자 한다 해도 이미 당신의 신병은 다 알려져 있다고 생각해도 좋다. 한두 번 했는데 걸리지 않았다고 방심하지 마라. 그건 경찰이 조금 더 무르익기를 기다렸다가 잡기 위해 잠시 방치하고 있는 것일 수도 있으니까. 마약사범은 반드시 잡힌다는 것을 명심했으면 한다.

유치장에 있다가 중간에 법원에 가서 판결을 한 번 하는데 이때 자신을 변호하기 위해 변호사를 선임해도 되지만 대부분의 마약사범은 죄가 너무 뚜렷하기 때문에 변호사를 선임하지 않는다. 사실 선임한다고 해도 소용이 없고 돈만 날리기 때문이다.

판결을 받고 며칠 안에 영화에서 보던 것처럼 팻말을 들고 사진을 찍는다. 이때부터 당신의 모든 자료는 마약수사대에 등록이 되고, 당신이 형량을 모두 채우고 나왔더라도 감시의 대상이 된다.

만일 재판과정이 길어지거나 한다면(여기서 길어진다는 것은 당신이 최소 몇 건의 마약사건에 연루되어 다른 마약사범들과 엮인 범죄 사실이 있다는 것이다.) 구치소에 가서 판결이 날 때까지 대기하겠지만 대부분의 마약사범은 바로 교도소로 가게 된다.

판결 후 인계 형사가 당신의 서류를 교도관들에게 전달하면 교도관들이 확인 후 당신을 들여보내게 되는데 이것이 교도소 송치다. 송치 후에는 당신의 개인기록을 작성하는데 기록을 마치면 교도소세트를 받게 된다.

교도소세트의 물품구성은 대략 이렇다. 치약, 칫솔, 미니비누, 지퍼백, 양말 2켤레, 사각팬티 2장, 수건 2장, 플라스틱 수저, 젓가락, 밥그릇, 모포, 죄수복이다. 이런 것들을 받고나면 방이 배정된다.

마약사범들은 아주 특별한 경우가 아니면 마약사범끼리 같은 방을 쓰게 하는데 이유는 이렇다.

실제 교도소에서의 하루는 재소자들끼리 이야기하는 것이 대부분인데, 마약 재소자들이 약을 할 때 어떤 기분인지를 이야기하면 일반 재소자들은 호기심으로 그들의 이야기에 집중하게 되고, 그러다 보면 마약의 안 좋은 점보다 기분 좋고 즐거운 부분만 이야기하기 때문에 마약에 대한 환상을 갖게 만들어 출소 후 마약을 경험하게 되는 경우가 생기기 때문이다. 실제로 과거에 같은 방을 쓰던 일반 출소자가 마약사범이 되어서 다시 교도소에 들어오게 된 사례도 있었다.

당신은 이제부터 교도소 마약방에 갇혀 수감 생활을 시작하게 된다. 실제로 교도소 내에서 마약재소자들은 아주 질이 나쁘며 골칫덩이 존재로 취급 받는다. 폭력, 살인, 강도 등 다른 강력범죄자들이 '약쟁이'라고 하며 운동시간에 종종 괴롭히고 무시하는 경우도 있다고 한다.

당신이 경찰에 처음 잡힌 후 교도소까지 오는 시간은 불과 며칠밖에 걸리지 않는다. 말 그대로 "엇!" 하는 사이 교도소에 수감되어 있는 것이다.

처음엔 실감이 나지 않아 왠지 며칠 후면 나갈 수 있을 거란 착각을 하는데, 이것도 한두 달이 지나면 포기하게 되며 더 큰 절망 속으로 들어가게 된다. 당신은 슬슬 화가 나기 시작한다. 내가 다른 사람의 물건을 뺏은 것도, 훔친 것도, 그렇다고 누군가를 때리거나 죽인 것도 아니고, 그저 내 돈 주고 내가 사서 조용히 혼자 즐긴 것 뿐인데 왜 나는 다른 강력범죄자들과 같은 취급을 받으며 여기에 갇혀 있을까 하고. 그때부터 모든 것이 짜증나고 괜히 시비를 걸고 싶어진다. 그래서 마약사범들이 교도관들이나 다른 재소자들을 상대로 인권을 유린한다며 많이 고발하곤 한다. 그러나 이것도 몇 달 지나기 전에 가라앉고 만다. 사실 시비를 걸고 화를 낼수록 자신만 더욱 피곤해진다는 것을 알기 때문이다.

그제야 당신은 이제 밖에 있는 당신의 가족들이나 지인 그리고 사업에 대해 생각하기 시작한다. 사실 이 부분이 제일 힘들다고 한다. 만일 당신이 사업을 운영하고 있다면 주인이 사라진 사업장은 어떻게 되겠는가. 누군가 대신 맡아준다 해도 그 사업은 오래가지 못할 것이며 대부분 망하고 만다. 직장이라면 이미 직장 내에 당신의 소문은 약쟁이로 나 있을 것이기 때문에 해고를 당하는 것은 물론이거니와 어떤 경우엔 진행하던 프로젝트를 망쳐 소송을 당하는 경우도 있다고 한다.

슬슬 약효에서 해방되고 제정신이 들 때쯤 이것이 당신에게 와있는 현실임을 알게 된다. 이쯤 되면 우울증 및 조울증 증세까지 온다.

생각해 보자. 당신이 이렇게 짜증나고 예민해져 있는데 상대방은 어떨까? 마약방의 특징 중 하나가 폭발하기 일보 직전의 방이라는 것이다. 자신은 잘못이 없고 억울하다고 생각하는 사람들 10명이 같은 방에 갇혀 있다고 생각하면 그 방 분위기가 어떨까. 건드리면 폭발할 것 같은 살벌한 분위기가 매일매일 진행 중이라고 보면 된다.

규정대로라면 교도소 일과는 지정된 자리에 앉아 멍하니 생각만 하는 것이다. 보통 이 시간에 책을 보든가 편지를 쓰든가 탄원서 내지 반성문을 쓴다. 낮에 졸린다고 자면 안 되며 눕는 건 당연히 안 된다. 이런 곳에서 몇 년을 보내는 것이다.

여름엔 좁은 곳에 10명이 모여 선풍기 한 대에 의지를 해야 하기에 더워 죽을 것 같고, 겨울엔 당연히 보일러 같은 난방시설이 없기 때문에 동상에 걸리는 일도 비일비재하다. 당연히 뜨거운 물도, 그렇다고 두꺼운 외투도 없다는 것을 알았으면 한다.

그리고 여기서 또 한 가지 문제가 발생하게 되는데, 하루 종일 아무것도 안하고 멍하니 있는 10명이 무엇을 하고 있을까? 당연히 마약 이야기를 하게 된다. 자신이 누구랑 어떻게 했다든지 아니면 자신이 왜 걸리게 된 것인지, 그리고 다음에 어떻게 하면 걸리지 않을 수 있는지….

간신히 진정된 당신의 가슴은 다시 요동치기 시작한다. 그리고 상상하게 된다. 필로폰을 하고 있는 당신의 모습을.

만일 조사과정에서 상선(마약공급자)을 불었다면 이곳에서 당신은 새로운 상선을 만나게 된다. 대부분 상선을 불고 들어왔기에 새로운 판매처를 찾아야 하는 입장에서 아주 좋은 정보를 얻게 되는 것이다. 이렇게 교도소에서 새로운 만남을 형성하게 되며 더욱 친밀한 관계를 유지하게 된다. 같은 방을 쓰며 형 동생으로 지내다 누군가 먼저 출소를 하게 되면 면회를 오가며 친분을 유지하고 출소 후 자연스럽게 만나 출소기념으로 함께 마약을 하다가 출소한지 며칠 못되어 다시 들어오게 되는 경우가 많다.

단순하게 호기심으로 마약 한번 했을 뿐인데 감당해야 할 몫이 너무 크지만 이렇게 상세하게 이야기하는 것은 당신이 호기심으로라도 마약을 하지 않길 바라는 마음이란 걸 꼭 알아주었으면 한다.

교도소까지의 이야기는 감옥 간 경험이 없는 사람들에게 협박(?)성 멘트로 말해줄 수 있었지만 이미 감방 경험이 있는 사람들에게는 별로 효과가 없었다. 혹시라도 호기심이 왕성한 청소년들에게는 꼭 말해주고 싶었다.

내재된 공포 – 임훈 사례

내재된 공포 – 임훈 사례

바쁜 나날의 연속이었다. 약국을 운영하며 약물 오남용예방교육 강의를 나가고 밤에는 상담전화를 받는 날들이 이어졌다. 약물 오남용 예방강사와 상담전화를 받는 일은 금전이나 명예가 따르는 일은 아니었다. 하지만 이상하게 나는 이 일들을 계속해야겠다는 마음이 생겼다. 누군가 알아주는 것도 아니며 때로는 내 돈을 써가며 다녀야 했지만 아깝다거나 힘들다고 느끼진 않았다.

결혼을 한 후 아내의 종교를 따라 교회를 다니게 되었다.

아내는 꽤나 신앙심이 깊은 집안의 딸이었는데 자연스럽게 나도 그런 아내를 따라 믿음이란 것이 생겼다.

약사로서 의무감이나 사명감을 갖고 살진 않았지만 한 가지 기도는 했던 것 같다. 만일 하나님께서 내 직업을 통해서 하시고자 하는 일이 있다면 그 일을 하나님을 위해 하겠다고. 내 기도를 받으시고 들어 주셨던 것 같다. 내 의지와 상관없이 정말 무지하게 바쁘게 마약에 관련된 일들이 쏟아지기 시작했으니까.

그날은 이상하게 상담전화가 한 통도 오지 않는 날이었다. 늦은 시간까지 TV를 보며 기다리다 슬슬 정리를 하고 들어가야겠다는 생각을 할 때 전화벨이 울렸고, 어떤 중년 남자의 목소리가 들려왔다.

"부탁이 있어 전화했습니다. 꼭 들어주시면 안 되겠습니까?"

다짜고짜 부탁을 하는 남자의 목소리는 꽤나 절박해 보였다. 이 일을 지속하다 보니 한 가지 재주가 생겼다면 목소리만 듣고도 이 사람이 약물에 취해 있는지 아닌지를 알 수 있다는 것이었다. 남자의 목소리는 탁하기는 했지만 약물에 취한 상태는 아니었다. 무슨 일로 이렇게 급하게 부탁을 하는 건지 궁금해졌다.

"무조건 들어드린다고 할 수는 없겠지만 일단 말해 보이소. 어떤 문제가 있습니까?"

"내 동생 놈 좀 살려 주이소."

여기는 병원이 아니다. 응급처치를 하거나 심폐소생술을 하는 곳이 아니라 정확하게 말하면 약국이며 약물에 관한 상담 전화를 받는 곳이었다. 남자는 그 사실을 알면서도 다급하게 도움을 요청하였고, 남자의 바람에 왠지 부응을 해야 한다는 생각이 들었다.

"전화로 할 얘기는 아닌 거 같은데 시간 괜찮으시면 내일 우리 약국으로 와 보이소."

다음날 오후 약국 문을 열고 들어오는 남자를 보며 직감적으로 어제 전화를 했던 남자임을 알 수 있었다. 우린 가까운 커피숍으로 자릴 옮겼다.

"착한 놈이었습니다. 어려서부터 크게 말썽 한번 부리지 않았고 성실하게 지 몫은 하는 그런 놈이었습니다."

많이 급한 모양이었다. 커피가 채 나오기도 전에 앉자마자 말하는 남자의 표정에서 형언할 수 없는 답답함과 절실함이 느껴졌다.

"처음엔 금방 끊겠지 하고 기다렸는데 한두 번 교도소를 갔다 오고 나서도 이놈이 글쎄 계속 히로뽕인가 뭐시긴가에 매달려 사는 거 아니겠습니까."

처음 책을 써야겠다고 마음먹은 사건이 이 사건이었다.

사람들은 마약이 무엇인지 잘 모른다. 담배나 술 정도로 생각하며 잠깐의 탈선 정도로 치부하기 쉽다. 이번 사건도 그런 경우였다.

처음 동생이 마약에 빠졌다는 것을 알았을 때 즉각적으로 도움을 요청했다면 어쩌면 일이 이 지경까지 가진 않았을 것이다. 정확히 말하면 중독자가 마약에서 벗어나는 것을 도와주는 것도 있겠지만 중독자 한 사람으로 인해 남은 가족이 이렇게까지 피폐하게 변하진 않았을 거란 말이다.

대부분 중독자의 가족은 자신들의 가족 구성원 중 한 사람이 중독에 빠진 사실을 숨기기 바쁘다. 가족의 치부가 될 것이라 생각도 하고, 행여나 자기 가족이 교도소에 들어가 전과자가 될 것이란 걱정에 숨기는 것이다. 이런 경우가 참으로 답답한 상황이다. 중독이 무엇인지, 중독자가 어떤 상태인지, 정확히 어떤 과정을 겪게 되는지 아무 정보도 없으면서 무조건적으로 숨기려고만 하니 결국 드러났을 때는 이미 감당하기 힘들 만큼 상황이 커진 상태이기 때문이다.

이번 사건도 그랬다. 남자의 동생 임훈(가명)은 이미 다섯 번이나 마약류관리에관한법 위반으로, 즉 필로폰투약 혐의로 교도소에 다녀온 상태며 출소한지 얼마 지나지 않은 지금 다시 필로폰에 중독되어 가족들을 힘들게 하고 있었다.

가족들이 당하는 고초는 크다. 중독의 길로 접어든 상태에서는 사회적인 활동이 불가능하기 때문에 경제적으로 이미 무능력한 상태이니 당연히 가족들에게 손을 벌려 마약을 구입한다. 그것도 기가 막힌 거짓말들을 쏟아내며 가족들의 돈을 쟁취한다.

단순히 금전적 손해만이라면 고초라는 표현을 쓰진 않을 것이다. 정말 큰 문제는 중독자로 인한 가족들의 불안감이다. 필로폰을 투약한 후에 중독자는 몇날 며칠을 잠을 자지 않고 환상과 환청을 보고 듣게 된다. 불안하고 두려운 마음에 의심은 커지게 되고, 가족들을 감시 아닌 감시를 하며 행여나 자신의 가족이 자신을 신고 할까봐 나가지도 못하게 하는데, 이런 경우는 이미 너무나 일상적인 상황이다. 중독자의 환상과 환청, 이 부분은 나중에 더 정확하게 설명하겠다. 지금은 가족들이 겪는 고초와 생각지도 못했던 중독자들의 고초를 적어 보겠다.

임훈은 어려서부터 큰 문제없이 자란 청년이었다. 어떤 경로로 처음 필로폰을 투약했는지는 알 수 없었다. 어머니는 평소 시병을 앓고 계셨다. 아버지는 경제적인 활동을 할 수 없을 정도로 황폐한 삶을 사신 분이었는데, 아버지 이야기를 꺼내지 않는 것을 보면 예상컨대 아마 많이 미워한 모양이었다.

상황이 이렇다보니 자연히 형제는 학업과는 멀어지게 되었고, 별다른 기술 없이도 할 수 있는 공사현장 잡부로 일하며 편찮으신 어머니를 모시고 살았다고 한다.

그래도 형제의 우애는 좋았다. 어려운 시절을 함께 보낸 탓인지, 아니면 의지할 곳이 서로밖에 없던 탓인지 그 흔한 말다툼 한번 없이 성인이 될 때까지 자랐다고 하니 깊은 우애가 있었던 거 같다.

어느 날부터 동생 임훈이 늦게 귀가를 하더니 조금씩 이상한 행동을 보였다고 한다. 처음엔 단순히 술을 과하게 마셨다고 생각했지만 시간이 지날수록 점점 더 이상해지는 동생을 보며 의아함을 느끼고 있을 때 경찰이 집으로 찾아왔고, 곧 동생의 행동이 왜 이상했는지 그 원인을 알았다고 한다.

동생이 얼마나 힘들게 자랐는지 옆에서 본 형이기에 처음엔 이해를 했다고 한다. 하지만 그 이해가 한 번 두 번 교도소를 다녀오면서도 바뀌지 않고 급기야 편찮으신 노모에게까지 독설을 내뿜는 동생을 보며 점점 무너져 갔다. 때리기도 하고 달래보기도 했지만 자신의 방법으론 도저히 해결해줄 수 없다는 판단에 수소문하여 나에게 상담신청을 한 것이었다.

검게 그을린 얼굴에 깊은 주름이 동생의 아픔을 대신하는 것 같았다. 눈가에 새겨진 주름의 개수 또한 힘겨운 과거의 흔적이라는 생각도 들었다.

여기까지 이야기를 들은 난 고민을 했다. 어떻게 해야 도와줄 수 있을까, 아니 정확히 어떻게 도와야 이 형제의 우애가 깨지지 않고 지속될 수 있을까?

일단 동생을 만나보기로 했다. 동생의 현재 상태가 어떤지를 알아야 그 다음 실마리도 보일 것 같은 생각에서였다.

"대구구치소에 있습니다."

"한두 번 잡혀갔을 때는 지 입으로 끊겠단 말도 안 꺼냈는데 이번엔 진짜 자신도 끊고 싶은 모양인지 살려 달라고 빌더군요. 그래서 찾아온 겁니다."

가족들은 자신의 가족이 행여나 구속될까봐 절대 도움을 요청하지 않는다. 만일 동생이 집에 있었다면 절대 오지 않았을 터였다. 다음날 면회를 가기로 하고 그날은 헤어졌다.

형을 보낸 후에 약국에서 난 잠시 생각에 빠져 들었다. '현재 구치소에 있는 사람에게 무슨 이야길 해줘야 할까?'

대부분 구치소에 있는 사람은 당장 그곳을 벗어나길 원하지 다른 것엔 관심이 없다. 행여나 내가, 아니 내가 속한 단체가 탄원서를 만들어 주면 형량을 줄이는데 도움 된다는 생각에 도와달라고 요청한 것은 아닐까 하는 여러 가지 생각이 날 괴롭히기 시작했다. 의심도 되고 안타깝기도 하고, 그렇다고 정작 내가 해줄 수 있는 것은 없고. 물론 다음 날 직접 만나보면 무엇을 도와달라고 한 것인지 바로 알겠지만 그래도 준비는 하고 싶었다. 밤새 재활에 관련된 책을 보며 공부를 했다. 이것이 딱히 도움이 되지 않는다는 것을 알고 있었지만 그날은 왠지 늦게까지 이 책 저 책을 보다가 잠이 들었다.

늦게까지 책을 보다 잔 탓인지 머리가 잘 돌아가지 않았지만 그래도 약속된 시간에 맞추기 위해 서둘러 준비를 한 후 시동을 걸었다.

대구 구치소에 면회를 간 것은 처음이었다. 지금이야 교도소나 검찰청을 옆방 드나들듯 다니지만 그때는 많이도 낯설고, 괜스레 두꺼운 철문이 주는 중압감에 주눅이 들기도 했다.

"정말 절 살려주실 수 있습니까?"

형도 그렇고, 동생인 임훈도 그렇고 계속해서 살려달란 표현을 쓰고 있다. 단약을 시켜주실 수 있겠습니까도 아니고, 재활을 도와줄 수 있겠습니까도 아니고 살려달라니. 파란색 죄수복에 수번을 달고 있는 임훈의 표정은 절박함 그 이상이었다.

"일단 말해 보이소. 뭐가 그리 죽겠길래 살려달라 카는지."

"여기서 나가고 싶습니다."

갑자기 힘이 쭉 빠졌다.

'그렇지 단약을 위한 것이 아니겠지. 정말 본인이 끊고 싶다

면 나와서 말했겠지. 구치소에서 형님을 통해 나에게 도움을 요청하진 않았겠지.'

난 왜 밤을 새워가며 공부를 했을까 하는 후회감에 아무런 말을 못하고 있었다. 면회시간은 짧다. 10분의 짧은 시간 동안 서로의 안부며 전달해야 하는 내용까지 말하기엔 참으로 짧은 시간이다. 그런 짧은 면회시간이 아깝게 흘러가고 있었다. 우리 둘 다 말이 없었다. 결국 참지 못하고 먼저 입을 뗀 것은 임훈이었다.

"이재규 강사님, 한번만 도와주이소."

"무엇을 도와달라는 말인교?"

"여기서 벗어나게 해주믄 시키는 일은 뭐든 다 할게예."

저 사람은 알까? 자신이 입을 열수록 나의 마음은 닫혀가고 있다는 것을. 더는 있고 싶지 않았다. 짧은 인사라도 해야 할 것 같아서 입을 열었다.

"하지 말라카는 마약을 하고, 법도 어기고, 가족들의 신의도 어기고, 그리고 거기 잡혀있는 거라예. 후회도 되고 힘도 들겠지만 죄 값 다 치르고 나오소. 나와서 찾아오믄 그땐 내가 도와 드릴께예."

난 자리에서 일어났고, 임훈은 고개도 들지 않은 채 숙이고 있었다. 문을 열고 나가려 할 때 임훈은 갑자기 소리를 질렀다.

"나가고 싶어 이라는 거 아입니다! 내가 언제 출소하게 도와달라 했습니까!"

"그라믄 뭐를 도와달라는 말인교? 출소하고 싶어가 탄원서 써 달라는 거 아인교!"

나도 모르게 버럭 소리를 질렀다. 가족은 지금 어떤 상황인지, 얼마나 아파하고 있는지, 어떤 절박함으로 날 찾아온 건지 생각도 안하면서 그저 자기만 살겠다고 말하는 저 인간이 너무 미웠다. 고개를 숙이고 있던 임훈은 고개를 들어 날 똑똑히 보며 말했다.

"보인단 말입니다. 와 보이는지 모르겠지만 약을 안 하고 있는데도 보인단 말입니다."

저 눈빛, 그래 본 적 있다. 중독자들이 나에게 마약을 말할 때 보였던 그 눈빛이었다. 물론 임훈도 중독자니 당연히 그런 눈빛이 있겠지만 그래도 상황이 조금 달랐다.

뭐가 보인단 말이지? 그리고 무엇을 저렇게나 두려워하고 있는 거지?

"약을 안 하고 있는데도 계속 나타납니다. 창 밖에 서서 하루 종일 나만 쳐다보고 있는데 어쩌란 말입니까! 내 좀 여서 빼내 주이소!"

"누가 쳐다본단 말인교? 교도관 말입니까?"

"강사님! 부탁드리겠습니다. 내 다시는 약 같은 거 쳐다도 안 볼 테니 제발 좀 내 좀 빼 주이소."

난 힘이 없다. 저 사람을 교도소에서 빼내거나, 영화에서처럼 교도소장과 결탁해 특혜를 누리게 해주거나 그렇게 할 수 있는 그런 힘이 나에겐 없다. 어쩌면 저 사람도 그 사실을 알고 있다. 그럼 무엇을 빼달라는 말일까? 난 질문을 바꿔 다시 물었다.

"임훈 씨! 약을 안 하고 있는 상태인데도 환상과 환청을 듣고 있는 겁니까?"

"네. 왜인지 모르겠습니다. 이런 적이 없는데 도대체 와 이러는지 모르겠습니다."

"언제부터 그랬습니까?"

"여기 들어온 지 4개월쯤 지나서예."

"얼마 동안 그런 증상이 있는 거지예?"

"벌써 두 달째 이라고 있는 겁니다."

이런 사례는 들어본 적 없다. 투약을 하지 않았는데 약효가 나타난다? 뇌세포가 망가져 정신적인 질병이 시작된 건가? 잘 모르겠지만 분명한 건 이건 꼭 제대로 알아볼 필요가 있다는 거였다.

그날 면회는 그렇게 끝이 났다. 그리고 난 시간이 되는 한 자주 임훈의 면회를 가기 시작했다.

임훈은 전형적으로 작업당한 케이스였다. 고사바리[3]에게 인간사냥을 당한 거였다. 인간사냥이란 참으로 악랄한 방법이다. 마약이 얼마나 더럽고 추악한지를 보여 주는 단면으로, 그들의 사냥 방식은 이렇다.

마약사범이 잡혔을 때 쓰는 수사기법 중 하나가 자신과 함께 투약한 자를 밀고하거나 아니면 자신에게 마약을 판매한 고사바리를 말하게 하는 방법이 있는데, 이건 흔하디 흔한 수사기법이지만 제일 확실하게 마약 청정국가란 타이틀을 유지하는 방법이었다.

마약사범은 마약을 판매한 자나 함께 투약한 자를 밀고하면 수사에 적극 협조했다거나 아니면 반성의 기미가 보인다고 조서에 작성하여 주는데, 이건 검사가 형량을 구형할 때 매우 중요하게 작용한다. 적극 협조할수록 자신이 살아날 가능성, 그러니까 집행유예나 보호관찰처분 및 교육조건부기소유예를 받을 확률이 매우 높아진다.

그렇다면 많은 사람을 밀고할수록 좋다는 것인데 여기서 이 수사기법의 장점이자 단점이 드러난다. 마약에 생을 걸고 사는 사람들은 그때부터 많은 자를 밀고 하기 위해 일부러 누군가를 중독자로 만들어내기도 하는데 임훈도 거기에 걸린 케

---

3) 고사바리 : 마약 소규모 판매상

이스였다.

처음 함께 공사현장에서 일하던 인부 중 한 사람이 피곤할 때 좋다며 임훈에게 필로폰을 건넸고, 그 약효를 보기 시작한 임훈은 육체적인 피로감보다 조금 더 재밌는 것, 그러니까 쾌락에 빠져들기 시작했다. 필로폰을 한 후 여자들과 섹스를 하는 등 점점 더 중독의 길로 접어들 때쯤 결국 임훈은 다른 마약사범의 밀고로 구속이 됐다.

인간사냥이란 이렇듯 보다 힘이 약한 상대를 잡아 조공을 바치듯 밀고하는 방식으로 마약 판매상이나 투약자들은 더 많은 고객을 유지하기 위하여 이 방법을 즐겨 사용하곤 한다.

벌써 3번이나 당한 인간사냥이었다. 정작 임훈은 그런 사실을 몰랐다. 당연히 마약을 하면 잡히는 것 아니냐는 생각에 이렇게 매번 당하기만 한 것이다.

슬픈 일이지만 모든 마약사범이 잡히는 건 아니다. 여기에도 힘과 권력의 방식이 있다. 돈 많은 기업인, 정치인들은 마약을 투약해도 잘 걸리지 않는다. 이건 그들을 어떻게든 지켜내려는 판매상이 존재하기 때문이기도 하다. 그들은 정말 좋은 고객으로서 마약을 위해 돈을 아끼지 않는 고객이기 때문이다.

힘도 없고 가진 것 없는 임훈은 아마 출소하고 나서도 투약하면 바로 잡혀 들어갈 확률이 매우 높다. 하지만 자신이 이용당한다는 걸 안다고 해도 방법이 있는 건 아니다. 이미 마약의 맛을 봤고 중독 상태기에 쉽게 벗어나긴 힘들 것이다.

임훈은 교도소에 갇혀 강제적으로 단약을 하고 있는 상태지만 이상하게 필로폰의 투약 증상 중 하나인 환청과 환상을 보고 있었다. 그 당시에 이 사실은 매우 중요하게 생각되었다.

어째서 약을 하지 않는데 증상이 나타날까? 그리고 무엇이 중독자들을 두렵게 하는지 조금은 실마리가 보이는 것 같기도 했지만 도무지 이해할 수가 없었다. 어쩌면 너무 이성적이고 논리적으로 그들을 보고 있는 것일까 하는 생각이 들기도 했지만 그렇다고 딱히 다른 시선으로 볼 수 있는 방법이 있는 것도 아니었다. 정확하게 말하자면 임훈을 도와줄 수 있는 방법이 없는 거였다.

'문제를 정확히 모르면서 어떻게 그들을 도와준다는 말인가?'

그 당시 내가 할 수 있는 유일한 방법은 그저 시간 날 때마다 임훈을 찾아가는 것이었고, 그의 이야기를 들어 주는 것이었다. 어떤 물리적인 방법, 그러니까 약을 처방해 준다거나 심리적으로 상담을 하는 방법이 아닌 그저 그의 이야기를 듣는 것뿐이었다.

다행인지 불행인지 모르겠지만 임훈의 상태는 많이 호전되고 있었다. 문제의 원인도 해결책도 모른 채 그저 환각·환청 상태에서는 벗어났으나 언제 어떻게 다시 찾아올지 모를 상태이기에 사실 이것은 다행도 불행도 아닌 경우였다.

시간은 빠르게 흘러갔고, 어느새 임훈은 1년 2개월이란 교도소 생활을 마치고 출소했다.

출소 후 그는 시간이 나면 무조건 내가 있는 약국으로 와서 시간을 보냈다. 혼자 있을 때 다시 마약의 유혹에 빠질지 모른다는 두려움에 일종의 의식 같은 행사로 일을 마치면 무조건 약국으로 출근해 소소하게 잡담을 나누다 돌아갔다.

임훈이 다시 마약에 손을 댄 건 출소한지 채 한 달이 지나지 않은 시점이었다. 짐작은 하고 있었지만 그래도 너무 빠르단 생각이 들었다. 실망을 하거나 그 사람이 밉거나 그런 건 아니었다. 그냥 안타까웠다. 하지만 내가 해줄 수 있는 것은 없었다. 약물 오남용 예방 강사이며 한국사이버시민마약감시단 단장이지만 필로폰 중독자에겐 그저 옆집의 수다 떨기 좋아하는 아저씨 이상은 아니었다.

남부경찰서에서 온 전화를 받은 건 이른 아침이었다. 임훈이 나와 꼭 할 얘기가 있으니 불러 달라 했다고 잠시 나와 줄 수 있냐는 전화였다. 아내에게 약국을 맡기고 경찰서로 향했다.

근 1년여를 나와 함께 보낸 친구가 다시 투약을 했다는 사실이 무섭도록 아무렇지 않았다. 그저 당연히 그렇겠지 하는 생각이 들었다.

나도 알았다. 근원적으로 그 친구에게 도움이 되지 않고 있다는 사실을. 상담도 재활교육도 하나도 듣고 있지 않다는 것을 이미 다 알고 있었다. 그럼에도 '어쩌면'이란 희망이 있었지만 그 희망도 며칠째 약국에 출근하지 않는 그 친구를 보며 이미 마음속으로는 단념한 듯하다. 다시 달릴 거란 생각을 하고 있던 터였다.

계절은 늦가을이지만 그래도 대구의 늦가을은 포근하고 기분이 좋다. 하지만 경찰서의 건물은 싸늘하고 음침했으며 스멀스멀 한기가 올라오는 것 같았다.

차가운 문이 중압감 있게 열리고 수사관과 임훈이 앉아 있었다. 내가 온 것을 알면서도 고개를 들어 인사조차 못하는 그를 보고 무색하리만치 내 머리는 아무 생각이 없었다.

"대구마약퇴치운동본부 이재규 강사님이시죠?"

한 번 더 신원을 확인한 후 경찰은 사건의 경위를 알려 주었다.

지난 밤 대명동 모텔에서 누군가 투약을 하고 있다는 신고로 잡혀 왔다고 한다. 역시 다시 한 번 인간사냥을 당한 것이었다. 병신도 이런 병신이 있을까. 분명 여러 번 경고 했었다.

너처럼 힘없고 빽 없는 놈들은 마약을 해도 재수가 없어 바로 다시 잡힐 거라고. 역시나 하자마자 바로 잡혀 왔다. 뭔가를 즐기거나 하지도 못했다. 아니 그냥 대놓고 저격을 하고 있었던 상태에서 바로 당한 거였다.

"어떤 놈이 씹은4) 거죠?"

물어본다고 대답을 해줄 사항도 아니지만 답답한 마음에 나도 모르게 튀어나온 말이었다.

"씹은 놈이 잘못이겠습니까, 씹힌 놈이 멍청한 거지."

맞다. 씹히든 씹든 무엇이 중요할까. 그저 알면서도 당하는 저 놈이 바보인 것을. 말없이 고개를 숙이고 있는 임훈을 보며 난 물었다.

"왜 불렀어? 그냥 가만있어도 면회는 와줬을 텐데."

"말씀은 미리 못 드렸지만 우리 형님 상태가 원래부터 조금 이상합니다. 한번 찾아 주시믄 안됩니까?"

저게 지금 이 상황에서, 아니 지가 나한테 할 소리인가. "죄송합니다. 끊으려했지만 어쩔 수 없었습니다"라고 하거나, 아니면 "한 번 더 도와주이소"라고 해야지, 본인도 모자라 이젠 약쟁이도 아닌 멀쩡한 자기 형까지 나한테 뭘 어쩌라는 걸까.

---

4) '씹었다'라는 표현은 서로를 밀고하거나 아니면 자신이 살기 위해 일부러 밀고했다는 마약사범들만의 은어다.

"원래도 이상했지만 요즘 들어 증상이 더욱 나빠지고 있습니다. 이젠 귀신하고 대화도 합니다."

"니가 약 처먹고 그렇게 보이는 거 아이가?"

"아입니다. 약을 안 먹었는데도 그렇게 보입니다."

"그렇게 형님이 걱정되는데 니는 또 약을 처먹었나?"

"죄송합니다. 그란데 내가 이래 들어가믄 우리 형님이 걱정이 되가…"

형님만한 아우 없다고 둘이 똑같이 나한테 서로를 부탁하는 모습이 참으로 가관이었다.

어쨌든 난 한 번은 임훈의 집에 가기로 약속을 했다. 임훈은 그렇게 다시 들어갔고 출소한지 얼마 되지 않아 가중처벌로 2년 4개월을 받았다.

임훈의 집은 우리 약국과 그렇게 먼 거리는 아니었다. 신의를 지키기 위해 태어난 사람은 아니지만 그래도 약속은 했으니 한번쯤은 가보자는 마음에 임훈의 집으로 향했다.

집은 생각했던 것보다 엉망이었다. 힘들 거란 생각은 했지만 그래도 막상 둘러본 집은 상상 이상으로 참혹했다. 아직도 연탄을 떼는 집이었으며 나무대문은 이미 그 기능을 상실한지 오래되어 보였다. 미리 연락을 하지 않고 갔지만 다행히 형님은 집에 있었고, 난 형님과 마주 앉아 근황을 전해들을 수 있었다.

"별거 아입니다. 어려서부터 이랬어예. 다른 사람에게 안 보이는 기 내한테는 보이고…."

난 정신과 의사가 아니다. 뇌를 연구하는 의사도 아니다. 그런데 한 가지 이상한 점을 발견했다. 왜 형제의 증상이 비슷하다고 느껴지지? 동생은 필로폰 때문이라고 치자. 그렇다면 형은 또 왜 이러는가?

난 몇 가지 궁금증이 생겼다.

"임훈도 어려서부터 그랬어예?"

"동생은 잘 모르겠습니다. 그런데 희한하게 내 증상을 이해하는 건 동생뿐이었습니다."

"동생도 비슷한 증상을 겪고 있었어예. 교도소에서 뭔가 막 귀신을 본다 해싸코…."

"아마 어려서부터 내가 매일 시달리니 그걸 본 동생도 시달리는 것 같습니다."

정신병은 바이러스가 아니다. 누군가 귀신을 본다고 해서 옆 사람에게 그걸 옮기거나 같이 보는 건 아니다. 그런데 이건 뭔가 이상했다. 예전에 중독자들의 행복의 기준과 가치에 대해 생각할 때도 이랬다. 그들마다 서로 행복의 기준이 다르기 때문에 필로폰을 투약한 후 다른 것을 느끼는 것은 아닐까 하는 생각이 들면서 여러 궁금증들이 생겼다.

처음 투약을 한 후 행복을 느끼고 그 다음에 그들은 똑같이 무언가를 두려워하고 있었다. 그것이 단순히 일상으로 돌아갈 수 없어서가 아니라 진짜 두려운 무언가를 보고 있는 건 아닐까? 그리고 이건 마약을 해서가 아니라 그들의 깊은 내면에 무언가가 각인되어 있어서가 아닐까?

다시 생각해보자. 마약을 하고 드러난 상태가 아니라 원래 가지고 있던 어떤 두려움이 마약으로 드러나는 것은 아닐까? 마약이 문제가 아니라 그 사람의 원래 정신상태가 불안하다면? 마약이 문제가 아니라 그 사람의 원래 문제가 마약으로 드러난 것이라면?

가정을 해보자.

어려서부터 임훈의 형은 정신적인 질환으로 환청, 환시 상태가 있었고 그걸 옆에서 보며 자라온 임훈은 그것이 엄청난 공포였을 것이다.

어느 날 필로폰을 투약한 상태에서 어릴 적부터 보아온 형의 상태 즉 내재된 공포가 자신에게도 일어난 것은 아닐까? 그것은 필로폰의 성분 때문인 것인가 아니면 원래 가지고 있던 임훈의 상태 때문인 걸까?

이 문제는 단순하게 생각할 사항이 아니었다. 어쩌면 중독자에 대하여 조금 더 이해할 수 있을지도 모른다는 판단이 내려졌다. 그제야 난 한 가지는 알 수 있었다. 사람들은 왜 중독으로 가는지를 모르는 채 눈에 보이는, 이미 중독된 사실만 가지고 해결하려 한다는 것을.

잠시 주위를 둘러보았다. 곳곳에 스며들어 있는 벽지의 곰팡이가 보였다. 옆방엔 어머니가 아파서 누워있고 형은 밤마다 헛것을 보며 신음을 하고 있는 상황에서 임훈은 돈을 벌어야 했다.

물론 힘들게 산다고 필로폰 투약에 명분이 있는 것은 아니다. 그저 다른 시각으로 본 것이다. 아무런 희망도 없고 삶의 이유도 없는 상태에서 내가 만일 필로폰이라는 삶의 재미를 찾았다면 난 과연 빠져들지 않을 수 있을까란 시선이었다.

이 사건은 나에게 엄청난 변화를 가져다주었다.

왜 중독자가 환경을 바꾸고 다른 곳에 있어야 하는지, 중독자들의 공통적인 공포심 그것이 무엇을 말하는 것인지, 그리고 중독의 문제를 바라볼 때 드러나 있는 사건만 보는 것이 아니라 어쩌면 그 집안의 내력과 그 사람이 겪었던 과거도 알아야 중독자 한 사람을 제대로 도울 수 있다는 것을 깨달았다. 단순히 서로의 부탁으로 형제의 상담을 한 것 같지만 오히려 내가 중독이란 문제에 관하여 인식을 변화시키는 엄청난 사건이었다.

임훈의 형은 정신병원에 입원을 했다. 현재까지도 폐쇄병동에 있을 정도로 상태가 호전되지 않고 계속 진행 중이다.

임훈은 2년 4개월 복역 후 그 후로 한 번 더 교도소에 갔다고 들었으며 현재는 연락이 끊긴 상태다.

상처의 늪 – 김우주 사례

상처의 늪 – 김우주 사례

    대구마약퇴치운동본부 부본부장이 되었다. 약물 오남용 예방 강사와 한국사이버시민마약감시단 단장으로서 그 역할을 충실히 이행하였기에 찾아온 파격적인 인사이동이었다. 재활강사에서 바로 부본부장이라니. 모르는 사람들이 봤다면 엄청나게 진급을 빨리하는 출세의 아이콘으로 볼 수도 있겠지만 사실 내용을 조금만 들여다보면 그렇지도 않다는 것을 바로 알 수 있다.

    본부장과 부본부장은 급여가 나오는 직책이 아니다. 엄밀히 말하자면 대구마약퇴치운동본부에 영향력을 줄 수는 있지만 명예직이라는 것이다. 하고 싶지 않은 직책이라는 말이 좀 더 정확한 표현인 거 같다. 하지만 수행한다. 명예도 출세를 위해서도 아닌 그저, '내가 그렇게 살아야 우리 후대에게 올바른 것을 전달할 수 있을 것 같아서'이다.

부본부장이 되었지만 나의 일과는 크게 달라지지 않았다. 약국을 운영하며 약물 오남용 예방 강사를 하고, 저녁엔 상담 전화를 받는 날들의 연속이었다.

한 가지 달라진 점이 있다면 새로운 재활강사를 소개받아 그 강사와 함께 중독자들을 돕는 일들을 시작한 것인데, 정말 우연히 만나게 된 강사였다.

임훈 형제의 사건으로 중독자를 새로운 시선으로 보기 시작했을 때 난 그들을 어떻게 하면 도울까와 무엇으로 그들을 변화시킬 수 있을까란 고민에 빠져있었다. 그러다 정말 우연히 아내를 통해 알게 된 사람이 있었다.

아내는 독실한 기독교 신자인데 아내의 동생, 그러니까 처제가 다니는 교회의 전도사라는 분이 마약중독자를 돕고 있다는 사실을 알게 되었다. 명함을 전달 받은 난 바로 전화를 했고, 동성로의 커피숍에서 만나기로 했다.

커피숍으로 걸어 들어오는 그를 보며 솔직하게 말하자면

전도사가 아니라 건달인줄 알았다. 걸음걸이 하며 옷 스타일 까지 도저히 내가 알고 있는 교회의 전도사란 직분과 전혀 매 치가 안 되는 사람이었다. 그는 조헌수 전도사였다.

조헌수 전도사와의 만남은 실제로 내가 마약퇴치운동본부 일을 하면서 회복자들을 함께 돕기 시작하는 매우 중요한 만 남이 되었다. 조 전도사는 몇 명의 중독자들을 만나 실제 그 들과 같이 살면서 그들의 재활을 돕는 그런 사람이었다. 그의 자세한 이야기는 나중에 치유란 주제로 글을 쓸 것을 기약하 고, 지금은 중독자에 포커스를 두고 계속 이야기를 진행해 나 가겠다.

우연히 조헌수 전도사와의 대화를 통해 난 또 다른 것을 알 수 있었다. 대화 내용은 이러했다.

마약은 현재 드러난 상태이며 이 문제가 드러나기 전에 이 미 숨겨져 있는 어떤 문제가 있다. 가정과 가문 그리고 성장배 경을 통해 원하지 않지만 겪거나 당해온 상처가 있는데, 이것 이 생각과 마음에 영향을 주어 마약을 선택하게 했고, 그 선 택이 이 사람들을 중독으로 드러나게 했다는 것이다.

첫 만남 이후 조헌수 전도사와 난 한 팀이 되어 전국 각지 를 돌며 중독자들을 만났고, 중독에 관련된 전문의들과 재활 병원 관계자 등 수많은 사람들을 만났다.

어느 날이었다. 대구지방검찰청 마약범죄조직수사부 이종근 검사님으로부터 연락이 왔다. 교육조건부기소유예라는 제도를 시행하고 싶은데 마약중독자 한 명을 보낼 테니 교육을 시켜줄 수 있느냐는 내용이었다. 전화를 받은 후 막막함을 느꼈다.

그때까지만 해도 정식으로 누군가를 교육시키기에는 환경이 너무 열악한 상황이었다. 생활기반이 없어서 동거하면서 도와줘야 하는 중독자는 조헌수 전도사에게 연결해 주고 있었으나 조금 더 시스템이 갖춰지면 그때 가서 교육생을 받고 싶었기에 안 된다고 말을 하고 싶었다. 하지만 마약중독자의 처지를 듣고 난 후 내 생각은 바뀌었고 교육생을 받기로 했다.

필로폰 투약자 김현주(가명). 나이는 20대 후반이었다.

결혼을 한 후 출장으로 매일 집을 비우는 남편을 기다리며 늘 외롭게 살던 김현주는 화장품 방문 판매원과 우연히 친분을 맺게 되었고, 그때부터 판매원은 김현주의 집에 종종 놀러와 시간을 보내다 돌아갔다고 한다.

어느 날 판매원은 피부에 좋다며 어떤 음료를 권했고 아무 생각 없이 먹은 김현주는 그때부터 마약에 빠졌다고 한다. 당연히 판매원은 구속이 되었고, 김현주 역시 조사를 받고 있던 상황이었다.

여기서 한 가지 난처한 상황이 발생했다. 개인의 의사와 상관없이 복용했다 하더라도 바로 신고하지 않고 몇 차례 더 투약한 혐의로 검사는 재판을 진행시키려 했지만 김현주가 임신을 했다는 것을 조사 과정 중에 알게 된 것이다.

　본인의 확고한 반성의 기미가 보이는 점, 임신우울증으로 인해 투약한 점, 그리고 뱃속에 아기가 있다는 점을 참작하여 검사는 교육조건부기소유예란 제도를 시행하기로 한 것이었다.

　첫 번째 교육생을 받기 위해 여러 명의 재활강사와 함께 회의를 진행했다. 비록 한 사람이었지만 전국지부 중 유일하게 교육조건부기소유예 대상자를 보내는 것이었기에 우린 신중하게 커리큘럼을 짜기 시작했다.

　교육은 주1회 총 48주를 시행하기로 했다. 1년에 48주라 함은 사실상 명절을 제외하곤 무조건 매주 나와 교육을 받아야 했다. 대구마약퇴치운동본부 강의실에서 진행하기로 했으며 수업 이름은 '단약을 위한 라파교정교실'이라 칭하기로 했다.

　라파교정 교실이란?

　마약이라는 중독의 늪에서 빠져나오기 위해 몸부림치는 사람들과 함께 동행하고 고통을 나누며 돕고자 하는 자들이 함께 모여 강의와 포럼을 통해서 치료공동체를 이루어가는 것이다.

라파 공동체는 크게 네 가지 시스템을 갖추고 있다.

첫째는 교실 공동체인데 이것은 강의를 통해서 단약 동기를 증진시키고 재활의지를 고양시키는 공동체이다. 둘째 소그룹 공동체는 가족에게까지 버림받은 중독자를 건강한 자원봉사자들과 소그룹으로 묶어서 일상의 행복을 찾아가게 하는 공동체이고 셋째 홈 공동체는 강의와 소그룹 공동체에서 잘 적응하는 사람들 중에 선별하여서 삶을 함께 나누면서 가족 같은 공동체를 이루어가는 것이다. 마지막 사회공동체는 회복 여정의 마지막 단계로서 자신들의 중독문제에 집착하지 않고 나와 같은 다른 사람을 찾아 도울 수 있는 치료공동체(TC: Therapeutic Community)이다.

조현수 전도사를 재활강사로 초빙하였고, 여성 중독자들을 도와줄 사람으로 조인주 팀장을 임명했다. 조인주 팀장은 남자에게 차마 말 못하는 부분을 같은 여자로서 고민도 들어주고 그들에게 도움을 주는 역할을 하였다.

대구시내 마약중독자들 사이에 라파교정교실이란 곳이 생겼다는 소문이 퍼지기 시작했다. 한 사람의 교육생으로 시작한 수업이었지만 예상과 다르게 수많은 중독자와 그들의 가족들이 수업에 참여해도 되냐는 문의전화를 해왔다. 모두를 받을 수 있을 정도로 강의실이 크지 않았기에 나름 선별을 하여 당장 정말 힘들어 보이는 이들을 받기로 하고 수업은 시작되었다.

라파교정교실을 통해서 나는 수많은 중독자들을 만날 수 있었다. 그리고 그들에 대하여 더 많은 것을 알게 되었는데 그때 몇 가지 공통점을 발견할 수 있었다.

그중 한 가지가 왜 마약을 시작했나 하는 것이었다.

대부분의 중독자들이 처음부터 자신이 중독자가 되리라 마음먹고 시작한 것은 아니다. 자신도 모르게 조금씩 빠져 들었고 본인이 중독의 문제에 빠졌다는 것을 인지했을 땐 이미 많이 늦은 때인 것이다. 그렇다면 도대체 이들은 왜 마약을 시작했나?

시작한 이유는 정말 단순했다. 호기심이라고 했다.

호기심. 아메리카 대륙을 발견하게 하였고 인간을 달에 갈 수 있게 만들어준 그 호기심. 호기심이 나쁜 것이 아니라 그 호기심이 어디에 사용되느냐에 따라 결과는 이렇게 천차만별로 나타난다. 허탈할 정도로 단순한 이유였지만 그래도 수긍이 되기도 했다.

'그래, 나도 처음에 호기심으로 당신들을 도우려 한 거였지'

그리고 또 한 가지 공통점을 알 수 있었는데, 바로 중독자들 대부분 지독한 상처를 안고 살고 있다는 것이었다.

사람이 일평생 살면서 상처를 안 받을 수 있겠는가? 모두가 그렇듯 서로가 서로에게 상처를 주고받으며 상처가 깊어지는 줄도 모르고 그렇게 살아간다. 상처가 있다고 해서 모든 중독이 이해받을 수 있는 것도 아니며 상처로 인해 누군가에게 피해를 입힌다는 것도 통용될 수 있는 건 아니다. 하지만 분명 우린 상처가 있고 그 상처가 인생에 지극히 영향을 준다는 것도 잊지 말아야 할 사실이다.

많은 중독자를 만나며 보았던 그들의 상처는 어떨 땐 지독히도 아팠고, 어떨 땐 이해가 안 되기도 했다.

라파교정교실에서 만난 수많은 중독자들이 있겠지만 그 중 기억에 남는 한 사람의 사연을 통해 상처라는 부분에 대해 조금 더 깊은 이야기를 꺼내볼까 한다.

김우주(가명)는 서울대를 졸업한 아버지와 사업체를 크게 운영하는 어머니 사이에서 자란 아들이었다. 김우주의 아버지는 찢어지게 가난한 집안의 장남으로 태어났는데 집안을 일으키기 위해 열심히 공부하여 독학으로 서울대까지 진학한 수재였다. 아버지는 선을 보고 사업을 하는 어머니를 만나 결혼하였는데 두 분의 결혼 생활은 난항이 많았다고 한다. 당연히 자라온 환경이 너무 다른 두 분이었기에 성격도 생활습관도 전혀 맞지 않았고, 밤마다 두 분은 싸우셨다.

아버지는 아들인 김우주가 서울대에 진학하길 바라서 어릴 때부터 매우 엄격하게 공부를 시켰다고 한다. 반에서 1등, 2등을 하는 김우주였지만 아버지는 만족하지 않았고, 전교 1등이라도 놓칠 시엔 밥도 굶기며 정말 모질게 교육을 시켰다.

하루는 한 시험과목 중 한 개를 틀리는 일이 발생했는데, 그날 아버지는 김우주의 옷을 벗기고 욕실에 하루 종일 가둬놨다고 했다. 욕실에 갇혀 울던 김우주에게 어떤 큰 두려움이 생겼다고 한다. 이 집을 나가야 한다. 나가야 내가 살 수 있다는 생각.

그날부터 집에서 도망친 김우주는 친구들과 어울리며 방황하기 시작했고, 결국 사고를 치고 소년원에 들어갔다. 김우주에게 내재된 폭력성은 교도소에서 폭발하였고, 그를 조직폭력배로 만들었다. 이때쯤부터 김우주는 가족들과 연을 끊고 살게 되었으며 한 가지 뚜렷한 목표의식이 생겼다고 한다.

"서울대에 가지 않아도 돈을 많이 벌어서 성공한 인생이란 걸 보여 주겠다."

미친 듯이 돈에 집착하기 시작했고, 돈이 된다는 사업이라면 불법이든 아니든 가리지 않고 열심히 했다.

20대 중반이라는 나이에 김우주는 꽤나 잘나가는 사업가가 되었다. 또래 친구들에 비해 굉장히 좋은 차를 타고 다녔고 좋은 집에 살았으며 그의 사업처도 안정적으로 많은 수입이 들어오게 되었다.

그는 성공한 것처럼 보였다. 아버지보다 많은 재산을 가지고 있었고, 학력은 짧지만 많은 사람들의 존경을 받는 것처럼 보였다. 하지만 김우주는 한 가지 사실을 잊고 있었다. 성공에 집착한 나머지 자신의 주위에 아무도 없다는 것을. 아니 오히려 너무 냉혹하게 사업을 꾸려가는 자신을 보며 다들 망하기를 바라고 있다는 것을.

모든 것을 가진 것처럼 보였던 김우주는 사실 혼자 있는 밤이면 외로움에 사무치기 시작했다. 돈으로 여자를 부를 수는 있었지만 자신을 진정 이해해주고 사랑해주는 여자가 없다는 것은 이미 몇 번의 연애를 실패한 경험으로 알고 있던 터였다. 사업은 잘되고 돈은 많았지만 김우주는 늘 혼자였다. 모두가 그를 어려워했고 함께 있는 것을 부담스러워 했다.

그때쯤 우연히 부산에 사는 후배의 권유로 마약을 시작했다고 한다. 인생에 대하여 무료함과 외로움을 느끼고 있던 찰나에 다가온 마약. 김우주는 마약에 빠져 들었다.

마약을 할 때는 늘 누군가와 함께 했다. 마약은 김우주에게 사람과의 관계를 다시 소통하게 해주는 출구였고 인생의 무료함에 활기를 넣어주는 활력소였다.

정말 순식간이라고 했다. 마약에 빠져드는 것도, 그리고 자신의 인생이 무너지는 것도 불과 1년이 채 안됐다고 했다. 어렵게 일궈온 사업장은 주인이 자주 자리를 비우자 조금씩 매출이 줄기 시작했고, 자신이 마약에 빠졌다는 것을 눈치 챈 종업원들은 조금씩 횡령을 시작했다고 한다. 하지만 그런 종업원들을 자르거나 할 수도 없는 것이, 신고할까 두려운 마음에 어쩔 수 없이 알면서도 계속 일을 시켰고, 결국 하나둘씩 사업장은 무너져갔다.

자신이 마약에 빠져 중독이 됐다는 것을 인정할 때쯤엔 이미 돌이킬 수 없는 지경까지 갔고, 모든 사업장은 문을 닫았으며 김우주는 부채에 시달려야 했다. 이렇게 힘든 와중에 위로되는 것은 마약이었고 그는 알면서도 계속 빠져들었다.

더 이상 마약을 구입할 돈조차 없을 때 김우주의 주위에 남아 있는 사람은 아무도 없었다. 오히려 자신이 망한 것을 모두가 좋아한다는 것을 느꼈다고 한다. 지독한 외로움이 그를 더욱 힘들게 했고 결국 자살까지 결심하게 만들었다.

하지만 그는 죽을 수 없었다. 사업가로 잘나가던 시절, 스치듯 연애를 했던 어떤 아가씨가 있었는데, 매몰찬 자신에게 많은 상처를 받고 떠난 그 여자가 몰래 김우주의 아이를 낳고 살고 있다는 사실을 알게 된 것이다.

딸이 생겼다. 그것도 초등학교에 입학해 있는 딸. 김우주는 다시 살길 원했고, 마약퇴치운동본부에 전화를 걸어서 나에게 상담신청을 했던 것이다.

그날의 전화통화는 지금도 기억난다. 꼭 마약을 끊고 싶다고 말해서 약국 근무 중이라서 다음 주에 만나자고 했더니 지금 꼭 만나서 상담할 수 없냐고 독촉했다. 할 수 없이 약국으로 오라고 해서 만났는데 지난날의 상처를 토해내면서 꼭 도와달라고 했다. 그리고 신종목 팀장을 만나서 라파교정교실까지 오게 되었다.

어릴 적 원하지 않았지만 아버지의 훈육에 당한 상처. 두 사람 다 이해는 갔다. 아버지의 최고 가치와 기준은 서울대였고 자신의 인생이 잘살게 된 것도 서울대였으니 그걸 물려주고 싶었을 거다. 하지만 김우주는 왜 공부를 해야 하는지 모른 채 아버지의 엄청난 폭력에 시달려야 했다.

교육의 부작용으로 오히려 다른 쪽으로 독해진 김우주는 결국 건달로, 사업가로 독하게 살아남아 성공한 듯 보였지만 사람들과 사랑하고 싶은데 사랑할 수 없는 사람이 되어 있었다. 상처라는 올무에서 벗어나고 싶은 갈망은 그에게 더욱 더 마약의 늪으로 빠져들게 했다.

한 명의 중독자를 돕기 위해 그리고 중독의 문제를 더 깊이 이해하기 위해 고민하고 연구하며 지켜본 결과, 많은 이들의 마음에 상처가 있다는 것을 알게 되었다.

나의 이야기를 듣고 '상처가 많으니 용서해주자'라고 단순히 이렇게 생각하기보다 자신의 마음에는 어떤 것이 상처로 남아 있는지 생각해봤으면 하는 마음이다. 하지만 강요는 하지 않 겠다.

만일 그때 김우주에게 위로가 되는 것이 마약이 아니라 도 박이었다면 어땠을까? 알코올이었으면, 아니면 다른 무언가 위로가 되었다면 김우주는 빠지지 않았을까?

김우주는 나에게 이런 말을 한 적이 있다.

"아버지가 나를 때리지 않았다면 제가 마약을 했을까요?"

상처를 딛고 일어난 사람들이 들으면 웃을 일이다. 누군가 는 상처를 이겨낼 수 있다고 한다. 틀린 말은 아니다. 상처를 받은 모두가 중독이나 범죄에 빠지는 건 아니기에.

하지만 잊고 있는 사실은 있다. 상처가 언제 어떻게 어떤 형태로 드러날지는 아무도 모른다는 것이다. 상처가 발판이 되어 독하게 사업을 성공시킨 김우주가 결국 외로움과 소통의 문제라는 상처로 인해 마약에 빠진 건 정말 아이러니한 상황 아닌가?

한 사람의 사례를 통해 일반화시키려는 의도가 아니라 상 처라는 것이 인간의 마음에 어떻게 작용하며 어떤 선택을 하 는지 꼭 고민할 필요가 있다는 것이다.

라파교정교실의 강의 중에 이런 내용이 있다.

"원하지 않았지만 당한 상처가 자꾸 그 사람의 마음에 상한 감정을 만들어내어 비교의식과 피해의식을 불러일으킬 수도 있습니다. 그리고 잘못된 선택을 하게 할 수도 있는 것입니다"

상처는 한(恨)으로 남아 문화로 남겨지기도 한다. 우리가 알고 있는 째즈란 음악도 그렇고, 요즘 유행하는 랩이나 우리 고유음악인 판소리도 그런 경우다.

다시 한 번 말하지만 상처를 강조하는 것이 아니다. 중독이란 문제에 대하여 좀 더 폭넓고 깊게 생각해 보자는 것이다.

상처가 한으로 남은 문화처럼 마약을 사용하는 자들의 공통점이 상처로 인한 것이라면, 혹시나 마약이 상처에 위로가 되는 수단으로 여겨져 문화로 남을 지도 모를 일이다. 만약의 경우이긴 하지만 경각심을 가져야 할 부분이라고 생각한다.

실제로 김우주 사례만이 아니라 많은 중독자들이 불우하고 힘든 어린 시절을 겪었다. 자신이 태어나고 싶어 태어난 것도 아니고, 태어나보니 성별도, 이름도, 국가도, 부모도 정해져 있는데, 자신이 이해를 하기도 전에 무언가를 강요당하고 결정해야 한다는 것은 어쩌면 고통인지도 모른다.

인식하지 못하지만 그것은 마음에 조금씩 균열을 일으키고 쌓여 자신을 아프게 만들어가고 있는지도 모른다.

상처란 불가항력적이다. 원해서 당하는 사람이 어디 있겠는가? 그런데 그것을 이겨내지 못한다고 비난할 것도 인정해 줄 것도 아니다. 상처라는 것을 통해 중독의 근원적인 배경을 볼 수 있다는 걸 생각해 보자는 것이다.

따라꾸미 (1)

따라꾸미 (1)

　　더운 여름이었다. 대구의 여름은 '대프리카'
라 불릴 만큼 지독한 더위를 자랑한다. 연일 최고기록을 경신
하는 온도계는 오늘도 38도를 찍고 있었다. 아스팔트 위에선
열기의 아지랑이가 피어오르고 있었으며 건물들마다 설치된
에어컨의 실외기 돌아가는 열기가 더해져 대구시내는 커다란
찜질방 같은 열기를 안고 있었다.

김동만의 따라꾸미

비산동 오르막길을 걷는 김동만의 셔츠 역시 흘러내린 땀 방울에 이미 흠뻑 젖어있었다. 잠시 쉬었다 올라갈 법도 하건만 김동만은 멈추지 않고 꾸준히 오르막을 걷고 있었다. 정오의 태양에 열기가 최고조에 달한 탓일까. 결국 김동만 역시 더위 앞에 무너진 것인지 그늘을 찾아 어느 집 담벼락 밑에 잠시 앉았을 때였다.

요란한 경찰차의 사이렌 소리가 들려왔다. 마약수사팀의 검정색 조끼를 입은 경찰들은 삼삼오오 조를 이루어 비산동 동네를 포위하기 위해 흩어졌고 그들의 무전기 소리가 작은 동네에 퍼지기 시작했다.

담벼락에 붙어 이 모습을 보고 있던 김동만은 다시 뛰어 올라가기 시작했다. 아직 발각되지 않은 듯 보였다. 또 어떤 놈이 자신을 씹은 듯 보였지만 다행히 얼마 전 주소지를 옮겨 두었기에 경찰들은 그 집으로 출동했을 것이었다.

집에 도착한 김동만은 여러 개의 자물쇠를 걸고 바로 작은 방 창문 밖으로 이불을 던져 두어 혹시나 모를 도주로를 만들기 시작했다.

마약수사팀의 수사는 점점 더 치밀해졌다. 어느 날부터인가 자신을 감시한다고 느끼기 시작했지만 이렇게 빠르게 자신의 동네를 찾아낼 줄은 몰랐다. 사실 김동만 자신이 감시당한다는 것을 알아낸 건 지극히 작은 사건에서였다.

자신의 와이프가 밤마다 몰래 누군가와 통화하는 것을 들었을 땐 그저 외도를 하는 것 아니냐는 생각이 들었다. 그래서 외출한 척하며 아내 몰래 녹음기를 집안에 숨겨 두고 아내의 통화내용을 녹음하게 되었다.

"저녁시간에 꼭 집에 있어요. 집에서 나간다고 해도 길어야 서너 시간이면 외출을 마치고 집으로 돌아와 그때부터 방 안에 틀어박혀 무언가를 하고 있고요."

빼도 박도 못하는 단서였다. 자신을 감시하며 누군가에게 보고를 하고 있던 아내였다. 비록 자신이 마약사범으로 몇 번의 교도소를 다녀오며 집안이 힘들어지긴 했지만 그래도 이럴 수는 없는 일이었다.

자신이 아내를 얼마나 사랑하는지 알면서, 평생을 한 여자만 바라보고 살아온 것을 알면서 배신이라니. 치가 떨리며 가슴 깊은 곳에서 무언가 울컥하고 올라왔지만 김동만은 애써 감정을 가라앉히며 눌렀다. 시야가 흐려지며 결국 뜨거운 물방울이 얼굴 위로 하염없이 흘러내렸다.

그래도 사랑했다. 배신을 할지언정 자신을 팔아넘기고 어떤 대가를 받는지 모르지만 그래도 자신이 희생해서 이 여자가 행복할 수 있다면, 내가 못 지켜준 이 여자의 행복을 누군가가 결국 지켜줄 수 있다면 그것만으로도 어쩌면 다행이란 생각이 들었다.

바지 뒷주머니에서 꼬깃꼬깃한 종이를 꺼낸 김동만은 확인하기 시작했다. 전화국에서 뽑아온 통화내역서였다. 떠날 때 떠나더라도 확실하게 확인하고 싶었다. 그래도 한 가지 헛된 희망을 걸었다. 제발 아내가 배신한 것이 아니기를, 내가 잘못 들은 내용이기를 하면서 말이다.

천천히 통화내역서를 보고 있던 김동만의 귓가에 이질적인 소리가 들려 왔다. 무전기 소리였다.

서둘러 창문을 닫고 커튼을 쳤다. 한낮이었건만 집안은 곧 깜깜해졌다. 불을 켜면 안 된다. 아직 경찰은 정확한 자신의 위치를 몰라 비산동 곳곳을 찾아 헤매고 있다.

이 집은 오랫동안 비워둔 채 아무도 살지 않는 곳처럼 보여야 했다. 일부러 대문 쪽에 신문을 수북이 쌓아 두었고, 베란다며 창틀 곳곳의 먼지도 닦지 않고 그대로 두었다. 천운인 건지 집 외벽 곳곳에 거미들이 집을 지어 오히려 그 모양 때문에 더 비어있는 집으로 보였다.

찌는 듯한 더위에 창문 하나 열지 못하고 집안에 있다고 생각해 보라. 하지만 이 더위도 김동만의 은신을 막지 못했다.

바닥에 납작 엎드려 경찰들이 철수하기를 기다리고 있을 때였다. 커튼 사이로 빨간 불빛 하나가 보이기 시작하더니 곧 집안 곳곳에서 빨간 점들이 보였다.

방심했다. 아내가 이미 누군가에게 밀고 하였다면 증거를 잡고 확인하기 위해 집안에 CCTV를 설치해 뒀을 수도 있는 것 아닌가. 벌떡 일어난 김동만은 떨리는 손으로 빨간 점이 보이는 물건을 확인했다. 집안 가전제품의 불이었다. 다행히 아직 CCTV는 설치하지 않은 듯 보였다.

통화내역서만 확인한 후 곧 떠나리라. 핸드폰을 꺼내 라이트를 비추며 내역서를 다시 확인하는 김동만의 눈에 곧 못 보던 전화번호들이 보이기 시작했다. 물론 집에 걸려온 모든 번호를 알 수는 없었다. 하지만 그래도 한 가지 이상한 점은 있었다. 주기적으로 통화를 한 번호가 있는 것이다.

번호를 메모한 김동만은 잠시 갈등했다. 전화를 걸어 확인을 할 것인가, 아니면 이대로 그냥 떠날 것인가. 판도라의 상자를 열어 결국 아내의 변심을 확인할 것인가, 아니면 이대로 아름다운 추억만 안고 떠날 것인가.

목이 말라왔다. 타는 듯한 갈증이 그 순간 찾아왔다. 물을 찾아 벌컥벌컥 들이켜니 잠시 이성적인 생각이 돌아왔다. 그러나 이성적인 생각은 곧 감성적인 상념으로 빠져 들었고, 지독한 슬픔이 김동만의 가슴을 타고 올라왔다.

아내는 긴 생머리가 어울리는 여자였다. 친구의 소개로 만난 그녀는 하늘색 원피스에 긴 생머리를 하고 나타났었다. 허리까지 내려오는 그녀의 머리를 보며 참으로 잘 어울린다고 생각했다.

처음에 무슨 대화를 했는지 잘 생각이 나지 않는다. 그녀의 미소만 가득 보일뿐 그 어떤 것도 머릿속에 남아 있지 않았던 기억이 난다.

아직 누군가를 만날 마음이 없다는 그녀에게 끈질긴 구애 끝에 이뤄낸 첫 데이트는 김동만의 인생에 있어서 제일 잘한 일 중 하나였다. 아버지 몰래 차를 가져와 서툰 운전 솜씨로 바닷가로 향했던 그날의 두근거림, 마시지 못하는 술을 그녀 앞이라고 센 척하며 마셨다가 다 게워냈을 때 그녀가 등을 두드려 주자 김동만은 이 여자와 결혼을 해야겠다고 마음을 먹었다.

그는 유복한 집안의 외동이었다. 물려받은 재산이 꽤나 많았기에 그녀와 행복한 결혼생활을 유지할 수 있었다. 친구들과 함께 호기심에 마약을 처음 접하기 전까진 말이다.

한두 번은 교도소 옥바라지를 해주며 다시 남편이 돌아오길 기다린 아내였다. 하지만 몇 번 더 교도소에 다녀오니 눈빛이 변하였고, 이제는 이렇듯 대놓고 남편을 경찰에게 밀고하는 사람이 되었다.

그래도 그녀를 놓아 줄 수는 없었다. 아니 오히려 다 이해했다. 자신이 이러고 있는데 어떤 여자가 괜찮을까? 외도를 한 아내에게 오히려 사과까지 해가며 유지한 결혼생활이었지만 이젠 정리를 해야겠다고 마음을 먹었다.

다시 한 번 뜨거운 눈물이 흘렀다. 문득 그녀가 사무치게 그리웠다. 파란 원피스에 긴 생머리가 잘 어울린 그녀의 모습이 아직도 눈가에 선하지만 이젠 정말 보내줘야 할 것 같았다.

통화내역서를 찢어버렸다. 이까짓 게 무슨 소용일까. 내가 떠나면 모든 게 다 제자리로 돌아올 것을. 자수를 하고 싶진 않았다. 그저 아무도 없는, 사람이 없는 곳으로 가 남은 일생을 스스로 끝내고 싶었다.

'떠나자, 미련 따위에 더 이상 얽매이지 말고 웃으며 떠나자.'

김동만은 한 잔 더 냉수를 들이켠 후 짐을 챙기기 위해 안방으로 향했다. 그때였다. 삐걱거리며 현관문 열리는 소리가 들려왔다. 천천히 아주 조금씩 열리는 현관문 소리가 천둥처럼 집안으로 퍼졌다.

급히 작은방 장롱 속으로 몸을 숨긴 김동만은 마른 침을 삼키며 귀를 기울였다.

'누구지? 아직 경찰은 우리 집을 모를 텐데.'

아내는 오늘 처가댁으로 간다고 했다. 이 집에 들어올 사람은 아무도 없을 터였다. 마룻바닥이 눌리며 누군가의 발자국 소리가 들려오기 시작했다. 만일 자신을 찾는 거라면 이름이

라도 부를 법하건만 상대 역시 아무 말 없이 자신을 찾는 듯
보였다. 이건 필시 자신을 잡기 위해 들어온 사람이었다.

혹시 모를 경우를 대비해 옷걸이 하나를 손에 쥐었다. 이럴
때 무기가 없다는 것은 참으로 안타까웠지만 그래도 맨손보단
나으리란 생각에 손에 잔뜩 힘을 주고 상대가 가까이 다가오
기를 기다렸다. 상대가 안방을 살펴 본 후 화장실을 거쳐 자
신이 숨은 방으로 다가오는 것이 느껴졌다. 이대로 그냥 제발
돌아가면 좋겠지만 그럴 의도가 없는지 기어코 작은방 손잡이
가 돌아가는 소리가 들려왔다.

문이 열렸다. 컴컴한 방 안에 아주 미세한 빛이 스며들었
고, 그 빛에 의지한 상대는 조금씩 자신이 숨은 장롱 쪽으로
다가왔다.

장롱문 틈으로 상대를 확인했다. 컴컴한 방 안이지만 김동
만은 똑똑히 보았다. 자신보다 큰 체구의 누군가를.

손에는 흉기 비슷한 것이 들려 있었다. 방 안엔 적막만이
맴돌았다. 천천히 그러나 꼼꼼히 김동만이 있는지 확인하기
위해 상대는 결국 장롱 쪽으로 다가오기 시작했다.

'가까이 오면 몸으로 밀친 후 머리를 공격해야 한다. 기회는
한 번 밖에 없을 것이다.'

김동만은 어떻게 공격할 것인지 정리를 한 후 긴장한 채 상
대가 다가오기를 기다렸다. 상대의 손이 장롱 문에 닿으려는

그 순간이었다. 갑자기 현관문이 활짝 열리며 누군가가 들어와 큰소리로 말했다.

"없는 것 같은데, 그냥 가서 기다려 보시지예."

분명히 들어본 목소리인 것 같았다.

'어디서 들었지, 누구지?'

김동만은 아무리 생각해내려 해도 떠오르지 않았다. 그때 현관문의 사내가 다시 한 번 말했다.

"조헌수 강사님! 그냥 나오시지예. 아무래도 다른 쪽으로 간 거 같은데예."

"그라입시다."라고 대답을 한 장롱 앞의 사내는 허무하리만치 금세 찾는 것을 포기하곤 집밖으로 나갔다.

사내가 나간 후에도 한참을 숨어 있다가 조심히 밖의 동태를 살핀 후 그제야 나왔다. 온몸이 부서질 듯 아팠다. 좁은 장롱 속에서 한참을 숨어 있었으니 온몸의 관절이 비명을 지르는 것 같았다. 저린 발을 주무르며 김동만은 짐을 챙겨 빨리 떠나야겠다고 마음먹었다.

하지만 방금 전 목소리가 너무 낯익단 생각이 들었다. 도대체 누구였을까? 분명 들어본 목소리였는데…. 김동만은 잠시 고민했지만 이내 머리를 가로저으며 생각을 털어냈다.

'뭐가 중요하냐? 지금은 빨리 떠나야 한다.'

간단한 옷가지만 챙긴 김동만은 커튼 사이로 집밖의 동태를 살폈다. 아직 경찰들이 지나다니는 것 같았다.

"지독한 것들! 니깟 놈들에게 잡힐 것 같냐? 내 손으로 내가 끝내겠다."

다시 마음을 먹은 김동만은 곧 동네를 탈출하기 위해 경로를 생각하기 시작했다. 서서히 포위망을 좁혀오는 경찰에게서 벗어나는 방법은 없는 듯 보였다. 하지만 이내 그는 한 가지 탈출할 방법을 찾아냈다.

이곳 비산동은 어릴 적부터 살아온 동네였다. 골목골목이 어디로 연결되었는지 손바닥 보듯 훤했다. 어느 집의 담장이 낮은지 집들마다 옥상은 어떻게 생겼는지를 알기에 김동만은 집의 옥상으로 올라가 옥상을 건너다니며 동네를 빠져나갈 계획을 짰다.

이제 시행에 옮길 시간이다. 아래쪽부터 좁혀온 포위망이 곧 김동만 자신의 집까지 올 것이기 때문에 지금이 빠져나갈 최적의 타이밍이었다. 조심스레 문을 열고 옥상으로 올라간 김동만은 다시 한 번 집들마다 옥상이 어떻게 연결이 되었는지 확인한 후 뛰어가려 했다.

하지만 경찰 역시 만만치 않았다. 김동만의 생각을 읽은 것일까, 멀리 어디선가 경찰 헬기 소리가 들려왔다. 아마 헬기로 건물들 위를 수색하고 있는 모양이었다. 진짜 빌어먹을 일이었다. 도저히 방법이 없다.

아래쪽에선 수많은 경찰들이 포위망을 구축해 있고, 골목마다 CCTV며 순찰차가 돌고 있고, 하늘에는 헬기가 떠 있었다.

사람 하나 잡자고 너무 많은 노력을 하는 것 아닌가 김동만은 문득 쓴웃음이 지어졌다. 대한민국 경찰은 대단했다. 단한 명의 마약사범을 잡기위해 이렇게까지 노력하다니, 웃기게도 경찰에 대한 존경심이 생기려고 했다.

방법이 없다. 그냥 순순히 투항을 해야 했다. 이왕 이렇게 투항할 거 마지막 가는 길에 아내를 보고 갔으면 좋겠단 생각이 들었다. 미련 없이 떠나리라 마음먹었지만 그래도 아내를 마지막으로 안아보고 싶었다. 그녀의 따듯한 품이 그리워 미칠 것 같았다. 긴 생머리에 코를 묻고 한없이 그녀의 체취를 맡고 싶었다.

옥상에 앉아 모든 걸 포기한 김동만은 다가올 경찰을 기다리며 아내에게 마지막으로 전화를 걸었다. 몇 번의 신호음이 울렸을까 곧 그리운 목소리가 들리기 시작했다.

"어디고? 지금 어디냐고!"

어디인 것이 왜 그렇게 중요할까? 바로 경찰과 함께 달려오려는 것일까?

"더 이상 아파하지 마라. 내도 다 안다. 그라니 이제 그만

하자."

참았다고, 아니 이겨냈다고 생각한 슬픔이 다시 깊은 곳에서 조금씩 올라왔다. 목이 잠겨 잘 나오지 않지만 그래도 이 마음은 꼭 전하고 싶었다. 김동만은 다시 용기를 내어 말했다.

"일평생 내가 제일 자랑스럽다 느낀 게 뭔지 아나? 너 하나만 바라보고 너 하나만 사랑한 나의 뜨거운 가슴이었다."

이제 됐다, 다 전했다. 이제 다 정리하고 잡히기만 해도 됐다. 김동만의 진심이 전달된 것일까 한참을 말이 없던 아내는 곧 침울한 목소리로 대답을 했다.

"야 이 새끼야! 니 어데냐고? 이 화상아! 징글징글한 인간아!"

어울리지 않았다. 그녀에게 저런 말들은. 파란 원피스에 긴 생머리를 가진 그녀는 싱그러운 웃음으로 꽃보다 화사했었다. '내가 한 여자를 저렇게 만들었구나.' 김동만은 아내에게 미안하고 너무 미안했다.

하지만 이제와 김동만이 어떤 말로 그녀를 위로할 수 있을까. 김동만은 잠시 말이 없었다. 다시 그녀의 목소리가 들려왔다.

"어데냐고? 니 지금 있는 곳 빨리 말해라! 내가 오늘 강사님들이랑 같이 간다 캤나 안 캤나!"

참으로 답답했다. 내가 있는 곳이, 그리고 어떤 강사인지 모를 사람들이 뭐가 그렇게 중요할까. 자신은 이제 곧 잡힐 것이고 뜨거운 이 마음엔 슬픔이 가득 차 있는데….

"너무 매운 것만 좋아 하지마라, 속 버린다. 내 인자 들어가믄 못 나올 거 같으이 그냥 다른 남자 만나가 살림 차리라. 내는 다 잊어뿌고 잘 살아라."

끊을 때가 됐다. 헬기 소리가 점점 가까이 들리며 보이기 시작했다. 한낮이건만 서치라이트까지 비춰가며 자신을 밝히는 것을 보며 김동만은 우습다고 생각했다.

'기름 한 방울 안 나는 나라에서 아깝게시리 저게 뭐하는 짓이고. 그냥 잡아가믄 되지.'

될 대로 되라는 식으로 누워 버렸다. 곧 누군가가 옥상으로 뛰어 올라오는 소리가 들렸다. 마지막으로 아내의 목소리도 들었고 자신의 마음도 전달했다. 비록 스스로 목숨을 끊진 못했지만 그래도 후회는 없었다. 이제 가자고 생각하며 눈을 질끈 감은 김동만은 곧 차가운 수갑이 자신의 손에 채워질 것을 기다렸다.

한참을 기다려도 수갑이 채워지지 않자 눈을 감았던 김동만은 슬며시 곁눈질로 주위를 살폈다. 그런데 이상한 모습이 보였다. 낯익은 뒷모습, 너무나 그리운 모습, 김동만의 가슴에 평생토록 흔적을 남길 모습, 바로 아내의 모습이 보였다.

아내가 왜 여기에 있단 말인가. 벌떡 일어난 김동만은 그리웠던 아내를 와락 안았다.

"이 빙시야, 내는 괜찮다니까 왜 왔노! 다른 남자 만나 이제 니 갈 길 가야한다고. 이 빙시야!"

가슴으로 느껴지는 그녀의 체온에 김동만은 잠시 세상이 멈췄으면 좋겠다고 생각했다. 이런 상념을 깬 것은 아내의 목소리였다.

"아 답답타! 놔라 이 화상아! 내가 뭐가 그리 잘못한 게 많다고 니 같은 인간 만나 이 고생하며 살겠노! 우리 어매가 원망스럽다!"

야속했다. 너무나 야속했다. 그냥 떠나면 될 것을 왜 굳이 찾아와 다시 못을 박으며 떠나려 하는 걸까.

"니는 내 안 사랑하나?"

김동만의 진심을 몰라주는 야속한 아내는 대꾸도 않은 채 전화를 들어 누군가와 통화를 했다.

"여 있습니다. 다시 돌아오시지예."

통화를 끝낸 아내는 김동만의 옷깃을 잡고 옥상을 내려가려 해 한동안 실랑이를 벌였다. 김동만은 뒤늦게 뛰어온 이재규 부본부장과 조헌수 강사의 손에 이끌려 집안으로 다시 들어갔다.

따라꾸미란 마약중독자들이 겪는 증상으로서 환각, 환청

을 말하는 그들만의 은어다.

필로폰 투약을 했을 경우 따라오는 증상으로서 사람마다 너무 다른 모습으로 드러나는 증상이기에 정확한 연구결과가 없다. 위에서 보았듯 중독자들은 정확한 환상과 환청을 듣고 본다. 그들은 진짜로 느낀다.

김동만을 처음 알게 된 것은 라파교정교실의 소식을 들은 김동만의 아내 신경희의 고민상담을 통해서였다.

심각한 중독자인 김동만은 필로폰을 투약하면 아내가 외도를 한다고 의심하였고, 그 증거를 찾기 위해 통화내역서를 뽑고 집안 곳곳에 CCTV나 녹음기를 몰래 설치하곤 했다.

그는 필로폰을 하고나서 이런 의처증 증상이 나타난 것이 아니라 의처증을 확증하기 위해서 필로폰을 투약하는 지경에까지 이르렀다.

김동만의 집착은 집요했다. 아내가 잠시라도 집밖에 나가면 몰래 미행을 했고, 아내가 집안에 있더라도 몰래 장롱이나 다른 방에 숨어 문틈으로 아내를 훔쳐봤다. 필로폰을 너무 오래 하다 보니 발기가 되지 않아 아내와 잠자리마저 못하게 되었고, 이는 아내가 다른 남자와 잠자리를 가질 것이라는 망상으로 이어졌다.

처음엔 중독자들의 따라꾸미란 것이 이해가 되지 않았다. 상식적으로 이해가 된다는 것이 이상한 일이기도 하다.

중독자들의 따라꾸미는 정말 상상을 초월할 정도로 다양한 모습으로 그들에게 다가왔는데, 그 장르가 너무 다양했다.

호러, 스릴러, 서스펜스, 코믹, SF, 액션….

지구상의 모든 영화장르가 그들의 인생에 생생히 펼쳐졌으며 그들은 심각하게 빠져 들어갔다. 이 책의 제목을 따라꾸미라고 정한 이유가 여기에 있다.

우리는 중독자를 이해하고 나아가 그들을 돕기 위해, 우리의 후대를 위해서라도 이 증상에 대해 이해하고 공감하며 때로는 그들의 따라꾸미 상태를 수용해야 할 때도 있다.

김동만의 따라꾸미는 아내의 외도와 국가기관의 감시망이었다. 필로폰을 투약한 후 그의 눈엔 모든 것이 자신을 감시하고 있다고 보였다. 그는 진짜로 보고 느꼈다.

그들의 눈앞에 와있는 상황은 현실이며 어떨 땐 현실보다 더 현실 같은 생생한 삶이다. 이러한 증상을 알고 이해하면서 도와줄 수 있는 의사는 생각보다 많지 않다.

따라꾸미 증상에 대해 인천 참사랑병원 천영훈 원장님은 이렇게 말한다.

위의 사례에서 언급된 증상들은 '메스암페타민(필로폰)에 의해 유발된 정신병적 장애(Methamphetamineinduced psychosis)'라고 해서 조현병(정신분열병)과 유사한 양상으로 나타나게 됩니다. 심각한 정신질환이라고 할 수 있는 조현병의 모든 증상들 즉 환청, 환시, 피해망상, 관계망상5), 부정망상6), 비논리적 사고, 충동, 공격성 및 현실검증력의 장애 등이 극명하게 나타나게 됩니다.

필로폰 사용자 10명 중 6명에서 나타난다고 보고되고 있으며 만성적으로 사용한 이들은 심하게든 약하게든 거의 모두가 경험하게 되는 증상이기도 합니다.

이러한 증상이 나타나게 되는 이유는 필로폰이 뇌의 쾌락 중추에서 엄청난 양의 도파민 분비를 유발하기 때문인 것으로 알려져 있습니다. 필로폰에 의해 억지로 분비되게 된 막대한 양의 도파민은, 이후 중독자의 삶에 있어서 필로폰 이외에는 아무런 즐거움을 느낄 수 없도록 만들어서 필로폰에만 매달리게 되는 부작용을 초래하게 되고, 동시에 도파민의 비정상적인 증가로 인해 심각한 정신병 증상, 앞에서 언급한 환청, 환시, 망상 등이 만들어지게 됩니다.

---

5) 자신과는 무관한 객관적 사실들을 자신과 연관 지어 생각하는 것. 예를 들면 저쪽에서 사람들이 웃고 떠들고 있으면 본인 험담을 하며 비웃고 있다고 생각하는 것
6) 배우자의 정절을 끊임없이 의심하는 것

문제는 이러한 심각한 정신병적 증상들이 대개는 일주일 이내에 소실되지만 이 기간 중 타인에게 해를 입힐 수 있는 것은 물론 극심한 공포 속에서 자해나 자살로 이어질 수 있다는 점입니다. 또한 이러한 증상을 경험한 이들의 1/3에서는 6개월까지도 증상들이 지속되거나 약을 끊었음에도 불구하고 영구적으로 지속되는 '정신장애'로 남을 수 있다는 점에서 심각한 증상이라 할.수 있겠습니다.

만약 이러한 환청, 망상, 충동공격성 등과 같은 증상들이 심각한 수준으로 나타나서 자신 혹은 타인을 해칠 만한 우려가 있는 경우에는 최대한 빨리 가까운 정신건강의학과를 찾아 치료받는 것이 필요하며, 행동이 전혀 조절되지 않는 경우에는 입원까지도 고려해야 합니다. 필로폰으로 인해 증가된 도파민을 낮추는 항정신병 약물투여를 통해서 증상을 빠르게 회복시킬 수 있고, 환자 자신의 안전을 확보할 수 있기 때문입니다.

참고로 현재는 마약류 중독자에 대한 의료인의 신고의무가 없어졌으며 국가에서도 마약류 중독자에 대한 치료를 권장하고 있기에 정신건강의학과에서 치료를 받았다고 해서 마약류 중독 사실이 외부에 알려지거나 고발되지는 않는다는 점을 말씀드리고 싶습니다.

조금은 어렵지만 우린 더 깊이 들어가 이 증상을 연구하고 해결책을 고민할 필요가 있다.

이제부터 여러 가지 따라꾸미 사례를 통해 중독자들이 무엇을 느끼며 어떤 증상을 겪고 있는지 다양한 시각으로 살펴보고자 한다. 그리고 이 증상이 얼마나 위험하며 사회에 어떤 영향을 주는지도 반드시 알아야 한다.

따라꾸미 (2)

따라꾸미 (2)

박용식의 따라꾸미

　　박용식은 기분이 좋았다. 요즘 들어 잘 풀리는 경제적인 상황도 좋았지만 그보다 기분이 좋은 건 정말 안전하고 최상급의 필로폰을 판매하는 상선을 소개받았기에 그의 기분은 날아갈 듯 좋았다.

　　오늘도 상선을 만나 20잔도 넘는 필로폰을 받아 왔다. 처음 투약하는 사람은 한 달 정도 사용할 양이지만 전문적인 필로폰 매니아인 박용식에겐 3일 정도밖에 즐기지 못하는 양이었다. 하지만 그래도 괜찮았다. 이번 상선은 정말 안전했으며 필로폰의 가격과 질도 최고였기에 마음 놓고 즐기면 되는 거였다.

박용식의 필로폰 습관은 한 잔을 투여한 후 영화를 보는 것이었다. 스크린으로 보이는 영화 화면이 필로폰을 투약한 상태로 보면 눈앞에 지금 펼쳐지는 것처럼 너무나 생생하였기에 어떤 3D나 4D보다 좋았다.

영화관 화장실에 숨어 한 잔 찌른 박용식은 영화 시간을 확인한 후 팝콘이라도 살 생각으로 움직였다.

그때였다.

화장실 문을 열자마자 갑자기 눈앞에 황금박쥐가 화악 하고 나타나 박용식을 덮쳤다. 커다란 부리 안에 무시무시한 이빨이 가득한 끔찍한 모습의 박쥐는 온몸이 황금처럼 밝게 빛났고, 크기는 좁은 화장실 실내에 가득 차 있었다.

순간 멍하니 그 모습을 보던 박용식은 저 박쥐가 이제 자신을 잡아먹을 거란 두려움이 생겼다. 자신의 생각이 맞은 건지 곧 박쥐는 박용식을 쳐다보았고 쿵쿵거리며 박용식에게 다가와 커다란 부리를 벌리기 시작했다.

너무 놀라 비명조차 지르지 못한 박용식은 간신히 화장실을 빠져나와 도망을 쳤지만 화장실 벽을 부수며 황금박쥐는 튀어 올라왔고 다시 박용식을 향해 날개를 퍼덕거렸다.

이대로는 잡아먹히겠다는 생각에 박용식은 서둘러 지하 주차장으로 도망을 쳤다. 주차장은 좁으니 마음껏 날개를 피지 못할 것이라는 생각으로 도망간 그는 곧 자신의 승용차를 찾기 위해 두리번거렸고 이내 자신의 흰색 그랜저 차량을 발견할 수 있었다.

승용차에 다가간 박용식은 차문을 열려했지만 열리지 않았다. 잠겨 있다는 것이 생각나 주머니에서 키를 찾아 버튼을 눌렀지만 차문은 꼼짝 않고 닫혀 있었다.

멀리서 쿵쿵거리는 소리가 들려왔다. 자신이 있는 곳으로 올 것은 시간문제였다. 급한 마음에 차문을 두드렸다.

왜 열리지 않는단 말인가! 창문을 부수고 들어가야 할 것 같아 주먹으로 창문을 내리칠 때 옆에서 어떤 남자가 나타나 박용식의 주먹을 막았다.

"지금 뭐하십니까!"

급했다. 아마 저 남자도 황금박쥐의 졸개인 듯 보였다. 말없이 남자의 팔을 뿌리친 박용식은 다시 창문을 주먹으로 내리쳤고, 그럴수록 옆의 남자는 더욱 박용식을 압박했다.

"누구 없어요? 여기 신고 좀 해주세요!"

남자와 실랑이를 하는 사이. 황금박쥐는 무서운 속도로 박용식을 향했다.

"이거 놔라 이 미친 자슥아!"

박용식은 남자에게 잡혀있는 팔을 빼내 주먹을 휘둘렀다. '억' 하는 소리와 함께 남자는 옆으로 쓰러졌고 박용식은 다시 차 창문을 부수기 위해 온 힘을 다해 창문을 주먹으로 내리 쳤다.

'와직' 소리를 내며 창문은 금이 가기 시작했지만 조금 더 부셔야 몸을 밀어 넣을 수 있을 것 같았다. 시간이 부족했다. 황금박쥐가 코앞까지 다가왔을 때 박용식은 차를 포기하고 차 반대편으로 도망쳤다. 지하 3층, 4층 계속해서 더 밑으로 도망갔지만 황금박쥐와 거리는 계속 좁혀지고 있었다.

'이러다 잡아먹힌다!'

머릿속에는 맹렬히 경고음이 울리고 있었다. 어떻게 해야 되는지 계속해서 살아남을 방법을 찾았지만 생각나지 않았다.

그때 박용식의 눈에 전기실이란 팻말이 보였다. 앞뒤 잴 것 도 없이 문을 열고 몸을 밀어 넣었다. 커다란 쇠문이니 잠깐 은 피할 수 있을 거였다. 곧 문밖에서 쿵쿵 거리며 문을 두드 리는 소리가 울렸다.

어쩌다 이렇게 된 것일까, 아니 그보다 저 눈앞의 괴물은 어떻게 된 것일까? 이해가 되지 않았다. 경찰에게 신고를 해 야 하나, 아니면 이대로 숨어 있어야 하나? 현재 자신이 필로 폰을 투약한 상태라 신고는 불가능했다.

고민하는 사이 문 옆 시멘트에 균열이 가기 시작했다. 경찰에게 잡히더라도 일단은 살고 봐야 했다. 경찰에게 평생 쫓겨 다니다 내 손으로 직접 전화를 하다니 이 와중에 참 웃기단 생각이 들었지만 핸드폰을 꺼내 112를 눌렀다.

"여기 만경관 지하인데예, 황금박쥐가 나타나 시민들을 물어뜯고 있어예. 빨리 와주이소!"

자신이 생각해도 어처구니가 없었다. 황금박쥐라니. 어디서 저런 괴물이 튀어나왔단 말인가.

"신고자 분 장난전화하시면 벌금 물을 수도 있습니다."

목숨을 잃게 생겼는데 장난이라니, 자신도 믿을 수 없었지만 지금 진짜 황금박쥐가 저 문을 열기 위해 부시고 있지 않은가.

"진짭니다! 빨리 와주이소! 황금박쥐가 나타나 지금 문을 부수고 있습니다!"

"신고자 분 공무집행 방해죄로 벌금 낼라 합니까? 끊으세요!"

"진짜라고 이 새끼들아! 와서 확인해 보면 될 거 아냐! 만경관 지하주차장에서 지금 나 잡아먹을라고 한다고!"

"일단 접수는 해 드릴 겁니다. 신고자 분 나중에 공무집행 방해죄로 벌금 내셔도 이의 없으시죠?"

"없어! 빨리 와! 어… 곧 부서진다! 빨리 와!"

전화를 끊은 박용식은 온몸을 다해 문을 막기 시작했다. 제발, 조금만 더 버텨야 하는데 아무래도 불안해 몸으로 막았다.

얼마나 막았을까. 쿵쾅거리며 문을 부수던 황금박쥐의 소리가 들리지 않았다.

갔나? 문을 열어 확인하고 싶었지만 혹시나 하는 불안감에 이러지도 못하고 있을 때였다. 똑똑똑 하며 노크 소리가 들린 후 누군가의 목소리가 들려왔다.

"안에 사람 있습니까? 경찰입니다."

경찰이다! 지긋지긋하게 쫓아다니며 자신을 괴롭히는 경찰이었지만 이 순간만큼은 하늘의 천사처럼 고맙기만 했다. 혹시 문 밖에 황금박쥐가 있을지도 모르니 박용식은 만일을 대비해 한 번 더 물었다.

"밖에 아무것도 없습니까?"

"빨리 나오세요. 기물파손과 폭력으로 신고가 들어왔습니다."

이건 또 뭔 소리인가? 기물 파손과 폭력? 지금 황금박쥐가 나타나 사람들을 잡아먹고 있는데 그깟 게 뭔 대수인가. 대한민국 경찰이 너무 답답했다.

"황금박쥐가 나타났는데 뭔 소리인교! 밖에 황금박쥐 안보이요?"

"빨리 나오세요. 안 나오시면 강제집행합니다."

일단 밖에 나가서 상황을 보기로 했다. 황금박쥐가 사라졌으니 사람이 온 거 아니겠는가. 조심히 문을 열고 고개만 밖으로 꺼낸 채 동태를 살피려 했지만 경찰은 문을 확 하고 열어 버렸고, 손잡이를 잡고 있던 박용식의 몸도 갑자기 밖으로 끌려 나왔다.

"일단 지구대로 가셔야 합니다. 일어나세요."

그때였다. 저 멀리 주차장 구석에 숨어있던 황금박쥐가 다시 박용식을 향해 뛰어오기 시작했다. 이렇게나 교활하다니. 박용식은 치를 떨며 다시 도망가기 위해 벌떡 일어났다.

순식간에 일어나 도망갈 줄 몰랐던 경찰은 순간 박용식을 놓쳤고, 이내 도망가는 박용식을 쫓아가기 시작했다. 간신히 주차장을 벗어난 박용식은 시내 한복판으로 뛰어가고 있었고, 뒤를 이어 경찰들이 쫓아가고 있었다. 힐끔 뒤를 보니 경찰 뒤로 황금박쥐가 아직도 쫓아오고 있었다.

이대론 안 되겠다 싶었다. 더 이상 도망가다간 곧 잡힐 것 같았고, 남은 체력마저 소진해 버리면 꼼짝없이 당하겠단 생각이 들었다.

'여기서 승부를 봐야겠다'

도로 한복판에 멈춰 선 박용식은 품을 뒤져 칼 한 자루를 꺼내 들었다. 호신용으로 들고 다니던 칼이었다. 시퍼런 사시

미칼을 꺼낸 든 채 황금박쥐가 다가오면 휘두를 기세로 서 있던 박용식 앞으로 경찰들이 총을 꺼내 들고 대치했다.

"칼 내려놔! 칼 버려!"

때 아닌 소동에 도로는 마비되었다. 왕복 4차선 도로 한복판에서 일어난 소동에 도로는 마비되었지만 박용식은 경찰 뒤로 다가오는 황금박쥐만 무섭게 볼 뿐이었다.

"안 버리면 발포한다! 칼 버려!"

경찰이 다시 한 번 경고하였지만 버리기는커녕 오히려 경찰들 쪽으로 다가가는 박용식이었다. 결국 경찰은 공포탄 한 발을 허공에 발포했다. 빵 소리와 함께 조용하던 도심 한복판에 총소리가 울렸다.

시민들은 낮게 숨죽이며 연신 카메라로 현장 상황을 찍기 시작했다. 박용식은 자신이 지금 경찰의 총에 맞을 수도 있다는 걸 알까? 경찰의 경고도 무시한 채 박용식은 칼을 휘둘렀다.

시민에게 차마 실탄을 발포할 수 없었던 경찰은 뒷걸음질치며 피하기 바빴고, 결국 소방대에게 혹시 모를 부상에 대비해 지원을 요청했다. 더 이상 다가오면 안 될 상황이었다.

도로가 마비되었고, 시민들까지 위험에 빠질 수 있는 상황이었기에 곧 경찰들의 지원 병력이 도착하여 도로를 통제하기 시작했다.

박용식은 그때까지 계속 황금박쥐와 싸우고 있었다. 아무리 칼을 휘둘러도 귀신 같이 피하는 황금박쥐의 몸놀림에 감탄 아닌 감탄까지 나왔다.

소방대가 도착했다.

범인의 상태가 이상하다는 것을 눈치 챈 경찰은 총보다는 그나마 부상이 적을 대안책을 생각했고, 소방대에게 부탁해 동물 포획용 총을 꺼내 들었다.

한 시간 가까이 난동을 부리던 박용식이 힘이 빠져 잠시 숨을 고를 때 경찰은 그런 박용식을 향해 동물 포획용 총을 발포했다.

그물이 확 펴지며 박용식의 몸을 감쌌다. 꼼짝없이 묶인 박용식은 풀려 나가기 위해 몸부림을 쳤지만 여러 명의 경찰 손에 이끌려 지구대로 이송되었다.

2000년 초반 실제 일어난 필로폰 중독자 박용식의 사건이다. 한 명의 중독자가 약물중독에 의해 환상을 보고 난동을 부린 사건으로서 약물중독이 실제로 얼마나 위험한지를 말해 주는 사건이었다.

박용식은 마약 전과만 15개가 넘는 화려한 경력을 가진 중독자다. 왜 박용식에게 이런 환상이 보이는지는 알 수 없다. 그것은 그의 내면에 어떤 것이 각인되어 있는지 알 수 없기 때문이다.

한 번 보인 따라꾸미 증상은 필로폰을 투약할 때마다 나타난다. 다른 모습으로 바뀌지 않고 계속해서 같은 환상을 보게 되는 것이다.

희한하지 않은가? 다른 것을 보고 다른 것을 느낄 법도 하건만 계속해서 같은 모습만 보인다는 것이.

난 중독자에게 이런 질문을 한 적이 있다.

"그러면 이런 무서운 현상을 보고, 시달리고 있으면서 왜 계속 필로폰을 하는 겁니까?"

이 질문은 지극히, 어쩌면 너무나 당연할 질문이다. 그렇게 무서워하면서, 두려워 떨면서, 시달릴 것을 알면서도 왜 계속 마약을 하는지 상식적으로 이해가 안 되기 때문이다.

들려온 대답은 뜻밖이었다.

"그러니까 끊을 수 있게, 도와달라고 찾아온 거 아닙니까. 나도 정말 끊고 싶습니다!"

끊을 수 없다. 더 이상 이들에겐 마약이 쾌락을 준다거나 인생의 행복감을 주는 것이 아니다.

"마약에 사로잡혀 버렸다."

눈에 안 보이는 무언가에 이끌려 자신도 모르게 한다. 내가 만난 중독자들은 이렇게 대답을 했다. 하기 싫지만, 너무나 끊고 싶지만 자신도 모르게 팔에 주사기를 밀어 넣고 있더란다.

상식적으로 이해가 안 되는 말이며 무책임한 말이라고 생각했다. 하지만 수많은 중독자들을 옆에서 지켜보고 함께 생활도 해본 결과, 어쩌면 저런 무책임하고 이해 안 되는 말이 그들에겐 일리가 있는 것이라고 조금씩 생각이 바뀌었다.

박용식의 따라꾸미 증상을 을지대학교 중독재활복지학과 조성남 교수는 이렇게 설명한다.

마약류를 남용한다는 것은 정신병을 유발시켜서 아슬아슬하게 즐기는 것이라 할 수 있습니다. 쾌감을 느끼기는 하나 점차 쾌감도 줄어들고 결국은 정신병적 상태를 나타내게 됩니다. 한 번 정신병적 증상이 나타나면 처음에는 투약을 중단하면서 단기간에 회복이 되는 듯하나 다시 약을 투약하면 바로 정신병적 증상이 나타나며, 점차 증상이 심해지면서 오래 지속되는 특성을 나타냅니다.
대뇌변연계(limbic system)는 감정 조절을 담당하며 보상회로가 있는 곳입니다 이곳이 파괴되므로 감정조절을 못하고 즐거움이나 행복감 등을 느끼지 못하게 되는 것입니다. 결국은 마약류는 처음에는 순간적으로 도파민을 과량 방출시켜 쾌감을 맛보게 만들지만 점차 뇌를 파괴시

켜 아무런 즐거움도 느끼지 못하게 만들며 정신병을 유발
시키는 물질입니다.

라파교정교실을 운영하며 수많은 중독자들을 만났고, 교도
소 마약사범들에게 강의까지 나가기 시작했다.

하루가 정말 짧았다. 그 당시 약국을 운영하는 일은 거의
챙기지도 못할 만큼 바쁜 나날이었다.

대구시의료원에서 전화가 온 것은 조금 뜻밖이었다.

보통 가족이나 중독자 본인이 마약퇴치운동본부에 전화를
하거나 한국사이버시민마약감시단으로 상담을 요청하는데 누
군가 대구시의료원에 직접 전화를 걸어 자신을 살려 달라고
부탁을 했다는 것이다.

생각보다 마약퇴치운동본부의 존재를 모르는 사람들이 많
았다. 그래서 그 당시에는 대구시 보건건강과 김학순 주무관
이 대구의료원과 교도소 출소를 앞둔 마약사범들에게 일일이
편지를 보내서 대구마약퇴치운동본부를 알리고 도움을 받으
라고 홍보를 했다.

대구시의료원에서 마약퇴치운동본부로 중독자를 보내겠다
는 전화를 받은 후 곧바로 약속을 잡고 중독자를 만나 보기
로 했다.

필로폰 중독자 강 씨는 어머니와 함께 약속 장소로 나왔다.

강 씨의 상태는 여태 본 중독자들 중에 제일 심각해 보였다. 앞서 말했듯이 필로폰은 금단현상이 거의 나타나지 않는다. 간혹 그 사람의 원래 체질 중 안 좋은 부분이 있다면 드러나긴 하는데 강 씨가 그런 사례였다.

집안 내력상 간이 좋지 않았던 강 씨는 이미 간경화 증상까지 와있었고, 혈액순환이 되지 않는지 미팅을 하면서 연신 손을 쥐었다 폈다 했으며, 턱관절이 이상한 건지 아래턱을 연신 돌리는 모습을 보였다. 솔직히 마주 앉아 대화를 할 수 있는 상태가 아니었다. 도파민의 과다 분비로 이미 일상생활에서 필로폰을 투약하지 않으면 온 몸이 아플 정도로 상태가 심각한 모습이었는데, 본인은 이 자리에 나온 것 자체가 마음에 안 드는지 나를 보지도 않고 계속 핸드폰만 만지작거리고 있었다.

"제발 우리 아들 좀 살려주이소."

이런 경우에는 진짜 난감하다. 중독자 본인이 단약의 결심을 보이지 않고 심지어 지금도 틈만 나면 필로폰 생각밖에 안 하고 있는데 무슨 수로 도와준다는 말인가.

중독 재활의 제일 첫 번째 요소는 환자 자신의 단약 의지다. 자신이 마약 앞에 무기력하다는 인정을 해야만 외부 도움을 받을 수 있는 상태가 되는 것이다.

대다수의 마약중독자들은 자신의 의지로 단약을 할 수 있을 거라 생각한다. 이런 생각은 재활 시기만 계속해서 늦출 뿐 현실적으로 절대 개인의 힘으로 단약은 불가능하다.

강 씨의 상태가 제일 심하다고 했던 이유가 한 가지 더 있다면 단약의 이유조차 없다는 것이다.

어머니의 간곡한 부탁에 어쩔 수 없이 나오긴 했지만 지금도 어떤 핑계를 대며 마약을 할지 고민하고 있는 상태였다.

그냥 돌아가시고 중독자 본인이 죽을 지경까지 갔을 때, 본인이 살려 달라고 할 때, 그때 다시 오라고 하고 싶었다.

근 한 시간여를 가족들이 강 씨에 의해 어떤 고생을 하고 있는지, 어머니 본인이 얼마나 가슴이 아픈지 눈물의 사연을 듣고 있을 때, 난 강 씨에게 한 가지 질문을 했다.

"히로뽕, 계속하고 싶죠?"

옆에서 울고 있는 어머니가 안 보이는지 눈알이나 굴리며 어떻게 빠져나갈까 고민하는 모습에 나도 모르게 튀어나온 말이었다.

마약의 위험성이나 문제점을 말해 준다 한들 과연 듣기나 할까? 분명 지금 몸이 부서지듯 아프면서 계속 달리는 것은 이미 자신의 의지와 상관없이 필로폰에 사로잡혀 있다는 것임을 본인은 알까?

"본인이 정신병자라는 건 알고 계신가요?"

무척 격한 말이긴 하다. 하지만 때론 이런 강경한 말들도 필요하다. 중독에 관련된 자들을 우리의 상식으로 이해하려 하면 안 된다. 역시나 예상한 반응을 보이는 강 씨였다. 만지작거리던 핸드폰을 테이블에 세게 내려놓으며 으르렁거리듯 말을 했다.

"지금 뭐라 했는교?"

난 싸움을 잘하거나 그렇다고 운동신경이 좋은 편이 아니다. 불의를 보면 못 참고 일단 나서고 보는 성격도 아니며 그냥그냥 물 흐르듯 특별히 거부감 없이 유들하게 살자는 소신을 갖고 있지만 중독자들을 만나오며 변한 게 있는데, 그것은 맺고 끊음이 확실해야 한다는 것이었다. 강하게 말해야 할 때 그렇게 말하지 못한다면 훗날 본인만이 아닌 주위 사람 모두가 더 힘들어진다는 걸 여러 차례 경험을 하면서 알았다.

"자신에게 문제가 생긴 걸 보지도 못하고 인정도 안 하고 그저 애들처럼 칭얼대기만 하고, 그게 정상입니까? 나이도 40대라면서"

"그래서 당신이 보태준 거라도 있나?"

"당신 같은 인간을 보고 이렇게 말합니다. 극단적으로 이기적인 사람이라고. 그리고 다른 말로 정신이 돈 사람이라고 하죠."

벌떡 일어나 씩씩대는 모습에 그래도 한 가지 희망이 보였다. 주먹을 휘두르지 않는 걸 보니 그래도 이성은 남아 있구나. 쐐기를 박듯 강 씨의 어머니께 한마디 더 말을 이었다.

"감금 병원에 쳐 넣고, 다시는 찾아보지 마세요. 이미 인간으로서 기능이 없습니다."

"이 개자식이!"

결국 화를 참지 못하고 주먹질을 하려는 강 씨였다. 지금 생각해도 내가 어디서 그런 용기가 났는지 모르겠다. 하지만 강 씨의 어머니를 보고 있자니 너무 답답하고 화가 나서 그랬던 거 같다. 난 강 씨의 눈을 똑바로 보며 소리를 질렀다.

"가만있어! 옆에 어머니 안 보여? 니가 무슨 짓을 하고 있는지 안 보이냐고!"

발만 동동 구르며 울고 계시는 어머니를 보며 강 씨는 다시 이성을 찾기 위해 노력하는 것처럼 보였다. 흔들었으니 된 거다. 이제는 조금 대화를 해볼 수 있겠다 싶어 난 강 씨에게 조금은 낮은 목소리로 말을 이었다.

"사로잡혀 있는 겁니다. 본인도 모르게 생각과 마음이 완전히 사로잡힌 상태라고요. 마약을 끊고 새 출발하라는 것이 아니라 마약으로 갈 수밖에 없는 상태를 보자는 겁니다."

모든 중독자들이 강 씨처럼 이성을 찾는 건 아니다. 정말 주먹이 날아올 수도 있다는 걸 염두에 두어야 한다.

다시 자리에 앉은 강 씨를 보며 계속해서 말을 했다.

"이렇게 살다가 죽을 거라고 포기하지 말고 조금만 생각을 달리 해보자고예. 어머니를 위해서나 가족들을 위해서 바뀌라는 기 아이고, 본인의 인생을 보라는 말입니다."

여러 번 말을 했지만 중독의 문제란 지금 보이는 상태를 보며 진단할 수 있는 것이 아니다.

중독의 문제로 드러나기까지의 과정이 있다. 가문과 가정의 배경을 통해, 그리고 성장과정 중 원치 않게 받아온 상처를 통해 이미 생각과 마음에 병이 생긴 것이다. 그 병이 어떤 사건을 만나 중독의 문제로 드러나는 경우가 많기에, 중독자 본인에게 먼저 이 문제의 정확한 원인과 결과를 이해시켜줘야 한다.

이 문제를 정확히 이해시키기 위해서는 반드시 돕는 사람이 먼저 이 문제에 대한 정확한 답을 가지고 있어야 한다.

눈알이나 굴리며 어떻게 빠져나갈까 하던 강 씨의 눈빛이 기적처럼 바뀌고 있었다.

"사로잡혔다고예? 그게 뭔 말인교?"

"일단 말을 거칠게 한 건 죄송합니다."

"그건 필요 없고, 사로잡혔다는 기 그기 뭔 말인교?"

수많은 중독자들을 만나며 깨달은 것이 있다면 그때그때 그 사람에게 맞도록, 그러니까 그 사람이 들을 수 있는 내용으로 중독의 문제에 대하여 설명을 해야 한다는 것이다.

강 씨는 사로잡혔다는 말에 반응을 보이고 있다. 아마 내 말을 듣기 전 본인도 이 부분에 대하여 심각하게 고민했을 것이다. 사실 대부분의 중독자가 이렇게 생각을 한다.

"내가 무언가에 씌었거나 사로잡혔다고"

때로는 심리적으로 이해시켜주고, 때로는 정신적으로 그리고 어쩔 땐 영적으로 상대에게 중독의 문제를 이해시켜줘야 한다.

강 씨의 경우 영적인 부분으로 반응이 온 상태였다. 이럴 경우 빠르게 각 분야에 맞는 전문 재활 강사를 붙여 줘야 한다. 내가 모든 분야를 소화할 수는 없지 않은가.

난 약사다. 약학적으로 이해를 시켜줄 수는 있어도 영적인 부분은 이쪽 전문가인 조헌수 전도사를 소개해주는 것이 맞는 것이다.

난 조헌수 전도사에게 전화를 걸어 급하게 강 씨를 맡아줄 것을 부탁했고, 조헌수 전도사는 흔쾌히 우리가 있는 곳으로 달려와 주었다.

옆의 다른 테이블로 조헌수 전도사와 강 씨가 이동한 후 난 어머니와 더 깊은 대화를 나눌 수 있었다. 중독자들로 인해 가족들이 겪는 고통은 우리가 상상하는 것 이상이다. 이 고통이 언제 끝날지 모르는 불안과 공포 속에 하루하루를 지옥처럼 보내고 있다.

조헌수 전도사는 강 씨에게 중독의 문제가 영적인 문제, 즉 눈에 보이는 문제가 아닌 정신과 영에 문제가 생긴 것을 설명해 주었고, 난 그 옆에서 강 씨 어머니의 현재 정신상태를 도와주기 위해 어머니의 이야기를 듣기 시작했다.

　지금부터 어머니의 시점으로 중독자의 따라꾸미를 표현하고자 한다. 그리고 가족의 고통이 왜 이렇게도 처절하게 아픈 것인지에 대하여 말하고자 한다.

따라꾸미 (3)

따라꾸미 (3)

이옥분의 사례

　　강기동은 귀한 아들이었다. 대대로 손이 귀한 집안에 딸 하나를 낳은 후 어렵게 얻은 아들이었다.

　장어 전문점을 운영하던 집안으로 시집을 와 쉽지 않은 시집살이를 겪었지만 그래도 무럭무럭 자라나는 자식들을 보며 뿌듯함을 느끼며 살아가던 세월이었다.

　장어 전문점은 인근에서 맛집으로 정평이 나있기에 항상

손님들은 넘쳐 났고, 남편과는 소소하게 다툴지언정 큰 문제 없이 살고 있었다.

기동은 대학을 졸업한 후 직장을 따라 서울로 올라갔다. 남들이 알아주는 대기업은 아니었지만 그래도 전공 잘 살려서 괜찮은 직장을 얻었다고 축하해 주었다.

딸들은 일찌감치 시집을 보냈고, 아들 강기동마저 서울에서 어여쁜 처자를 며느리감이라고 데려 오니 이제는 더 이상 부러울 것도 없다고 생각하며 남은 생애 손주들이나 보며 노후를 보낼 기대에 기쁜 나날이었다.

문제가 시작된 것은 어느 날 밤, 며느리의 전화 한 통에서였다

"어머니, 이 사람이 이상해요. 더 이상 혼자 감당할 수 없어 전화드렸어요."

이게 무슨 소리인가. 아들에게 문제가 생겼다니. 깊은 잠에 빠져 있던 남편을 닦달하여 급히 서울로 올라가 기동을 찾아갔다.

집안은 난장판이었다. 문이란 문은 다 부셔져 있었으며 식기들은 모두 바닥에 내동댕이쳐져 있었다. 어머니가 왔지만 내다보지도 않고 기동은 방 안에 틀어 박혀 그나마 남아있는 문을 걸어 잠그고 있었다.

서럽게 울고 있는 며느리를 보고 가슴이 미어졌지만 그래

도 무슨 상황인지는 정확히 알아야 했다. 조금 진정된 듯 보이는 며느리에게 자초지종을 물을 때까지만 해도 단순히 부부싸움이 조금 격하게 벌어진 것이란 생각이었다.

"직장 그만둔 지는 오래전이에요. 처음엔 밤마다 늦게 들어오더니 어느 날부터는 며칠씩 안 들어오고, 이젠 나가지도 않고 밤마다 사람을 달달 볶는데 미치겠어요. 진짜!"

다른 여자가 생겼을까, 아니면 잘 다니던 직장에서 해고되어 마음이 상해 방황을 하는 걸까, 여러 가지 생각이 떠올랐지만 이옥분은 짐작조차 할 수 없었다.

아무리 불러도 나오지 않고 방 안에 틀어박힌 기동에게 화를 내었다. 답답한 마음에 담배를 피우던 기동의 아버지는 울고 있는 며느리에게 다시 물었다.

"절마가 뭐라 하며 달달 볶는단 말이고?"

"제가 다른 남자와 바람났다고요."

"니 진짜 그란 건 아이제?"

이 인간이 정말 무슨 소리를 하는 걸까, 만일 다른 남자와 정분이 났다면 벌써부터 도망가 다른 살림 차렸겠지 여기서 이러고 당하고 있다는 말인가. 답답함에 이옥분은 버럭 소리를 질렀다.

"뭐라는교 참말로! 저짝으로 나오이소."

당한 고초가 컸는지 계속 울고 있는 며느리를 따뜻하게

안아주는 이옥분은 가만히 등을 토닥일 뿐 기다리고 또 기다렸다.

"직장을 그만둔 것도 몰랐어요. 어느 날부터 생활비를 안 주기에 직장이 그저 많이 어려워졌나 생각했고요. 그런데 이런 거 다 이해해도 진짜 죽을 것 같은 건요, 도대체 왜 저를 의심하는지 모르겠다는 거예요."

참으로 이상했다. 기동에게 의처증이 생기다니. 사람 일은 모른다고 하지만 그래도 어딘가 석연치 않다고 느꼈다.

"기동이가 손찌검도 하드나?"

집안 꼴을 보니 짐작할 만하지만 그래도 아내에게 손찌검까지는 안 할 것이라 생각했다. 기동의 아버지도 아무리 화가 나더라도 손찌검은 안했으니. 하지만 들려오는 대답은 기다리던 것이 아니었다.

"어머니, 저 정말 못살겠어요. 이제"

"손찌검도 하드나?"

자리에서 벌떡 일어난 이옥분은 기동이 있는 방의 문을 부술 듯이 두드렸다.

"나와 봐라! 나와 봐!"

안에선 아무 소리도 들리지 않았다. 이옥분의 가슴은 터질 듯이 답답했다. 당장 눈앞에서 확인해야 직성이 풀릴 듯싶었다. 대답도 않고 죽은 듯이 있는 기동의 모습에 더욱 화가 난 이옥분은 기어이 망치를 찾아내 문을 부수기 시작했다.

얼마나 문을 때렸을까, 빼꼼히 열리는 문 사이로 기동의 모습이 보였다. 당장에 뛰어 들어가 등짝이라도 때릴 기세였지만 이옥분의 눈에 뭔가 굉장히 이질적인 기동의 모습이 보였다.

"강기동, 일루 와서 엄마 앞에 앉아 봐라."

대답도 없이 서 있는 기동은 멍하니 창문 밖을 보고 있었다.

"강기동!"

한 번 더 크게 불러 보았지만 아들은 꼼짝도 않고 창문 밖만 볼뿐이었다. 참지 못하고 남편은 뛰어 들어가 아들의 옷자락을 잡았다.

"이놈! 우리가 너를 그렇게 가르치드나! 어데 손찌검 할 때가 없어 지 아내를 때리노?"

옷자락을 잡고 흔들지만 미동도 않고 창문 밖만 보고 있는 기동의 모습에 이옥분은 무언가 굉장히 잘못되었다는 것을 직감적으로 알 수 있었다.

평생을 낳고 기른 자식이다. 그런데 눈앞에 있는 기동의 모습은 한 번도 본 적 없는 모습이었다. 순간 걱정이 된 이옥분은 조심히 물었다.

"기동아, 기동아 니 괜안나?"

깜깜한 방에서 말도 없이 창문 밖만 보고 있는 기동의 모습은 섬뜩하기까지 했다.

이옥분은 한 번 더 물었다.

"기동아! 엄마다! 니 괘안나?"

무표정하게 고개를 돌리곤 어머니를 향해 검지 하나를 세우고는 입에 가져다 대며 기동은 말했다.

"쉿! 조용히 좀 해. 저기서 다 듣고 있잖아."

창문 밖엔 아무도 없었다. 새벽 이 시간에 누가 여기를 보고 있단 말인가. 일이 크게 잘못 돌아가고 있는 것을 눈치 챈 이옥분은 며느리에게 물었다.

"기동이 언제부터 저랬노?"

"정확히는 모르겠어요. 어느 날부터 갑자기 저래요. 어머니 무서워요. 기동 씨 저러다가 갑자기 저한테 또 해코지하려고 할 거에요"

귀신에 씐 건가, 아니면 머리가 잘못된 건가. 한 번도 사람이 이렇게 되는 걸 본 적 없는 이옥분은 혼란스러워지기 시작했다. 모두가 잠시 혼란스러워하는 사이 강기동은 갑자기 아내에게 뛰어가 머리채를 잡았다. 정말 순식간이었다,

"쌍년아! 저 새끼 뭐야? 뭐야! 니가 불렀냐? 나 나갈 때까지 감시하고 있다가 들어와서 뭐할라고? 응? 니가 뭘 잘했다고 우리 부모님까지 불러!"

잠자코 있던 남편이 기동의 따귀를 때렸다. 고개가 홱 돌아간 기동은 아무 말 없이 아버지를 노려보다 갑자기 밖으로 뛰어나갔다. 이 모든 것이 정말 순식간에 일어난 일이라 다들 멍하니 뛰어나가는 기동의 뒷모습만 볼 뿐이었다.

집안엔 적막감이 감돌았다. 이 사태를 어떻게 설명할 길이 없어 아무 말도 할 수가 없었다. 바닥에 앉아 흐느끼던 며느리는 주섬주섬 짐을 싸기 시작했다. 말릴 수가 없었다.

부모 앞에서도 이렇게 폭력적인 모습인데 둘만 있을 땐 오죽 했을까. 그래도 한 가지는 확실히 짚고 넘어가야 했다.

"아가, 우리가 본 이상 차마 있으란 말은 몬 하겠고, 한 가지만 확실하게 말해도. 언제부터 저런 증상이 있었노?"

"어머니, 저 사람, 마약을 하는 거 같아요. 정확하게 몰라서 말씀은 못 드렸는데요, 그런 거 같아요."

"마약? 그걸 와 묵노?"

그때까지만 해도 이옥분은 몰랐다. 마약이 어떤 것인지, 얼마나 위험한 것인지. 그저 술을 과하게 먹는 증상과 비슷하다고 느꼈다. 마약이라고 하기에 순간 다행이라 생각한 건 지금에서 보니 얼마나 큰 착각인지 그땐 미처 몰랐다. 그리고 이런 한순간의 착각이 얼마나 큰 사건으로 이어질지도 그땐 짐작조차 못했다.

"일단 친정에 가 있그라. 기동이 일마 단디 혼쭐 내주고 싹

싹 빌게 해 주꾸마."

며느리는 말이 없었다. 묵묵히 짐을 들고는 인사를 한 후 집을 나갔다. 그것이 며느리의 마지막 모습이었다.

친정으로 돌아간 며느리는 사돈에게 남편의 증상을 말했고, 길길이 날뛰며 이혼을 요청하는 사돈에게 매우 큰 위자료까지 주고서야 둘은 헤어질 수 있었다.

아들을 데리고 대구로 내려온 이옥분은 그때부터 아들을 위해 가게도 잠시 접었다. 고향 떠나 타지에서 생활한 고생 때문에 잠시 방황한 것이라 생각했다. 잠시 요양하며 엄마와 함께 있으면 안정을 찾을 것이라 믿었다.

여행도 가고 그동안 바빠서 챙기지 못했던 아들을 위해 당분간 모든 것을 내려놓고 함께 있을 예정이었다.

대구에 온 지 며칠이나 되었을까, 늦은 밤 아무도 모르게 집을 나간 강기동은 그로부터 1년여를 집에 들어오지 않았다. 신고를 하려 했지만 성인 남자가 제 발로 걸어 나간 것이라 그저 막연히 기다릴 수밖에 없었다.

아들을 다시 만난 것은 대구검찰청에서였다. 낡아빠진 추리닝에 신발도 못 신고 잡혔는지 조사실에서 보게 된 아들은 정말이지 너무나 초라해 보였다.

눈물이 왈칵 쏟아졌지만 꾹 참았다. 아직 눈물을 흘리면 안 된다. 아직은 희망이 있다고 믿고 싶었다. 비록 교도소에 가게 생겼지만 출소를 하면 다시 마음잡을 수 있도록 모든 것을 걸고 도와줄 생각이었다.

집을 나간 강기동은 그 길로 대구에 있는 상선을 만났고 그와 함께 마약 판매를 시작했다고 한다. 돈도 필요 없고 그저 필로폰만 주면 시키는 일은 뭐든지 했다고 한다.

강기동은 2년의 징역을 선고받았고 이옥분은 하루도 빠지지 않고 아들을 위해 면회를 갔다. 처음 한 달은 면회도 하지 않으려 했지만 교도소에서 강제적으로 마약을 끊고 있다 보니 정신이 조금 돌아온 후부터는 이옥분이 면회를 가면 울기만 했다 한다.

여름엔 더울까, 겨울엔 추울까 하는 걱정에 하루도 편하게 보내지 못한 이옥분이지만 그래도 믿었다. 출소를 하면 다시 자신의 착한 아들로 돌아와 줄 거라고. 그러나 출소 후 다시 교도소로 돌아간 시간은 한 달이 채 되지 못했다.

억장이 무너졌다. 이제야 간신히 두 발 뻗고 잘 수 있나 싶었는데 다시 또 아들 걱정에 잠을 설쳐야 하다니, 그때부터 이옥분은 아들의 문제가 생각보다 심각하다는 생각이 들었고, 이 문제를 해결하기 위해 피를 말리는 전쟁을 시작했다.

다시 1년을 교도소 생활을 한 후 출소한 강기동을 데리고 아무도 없는 시골로 무작정 이사를 간 이옥분은 아들의 중독 문제를 반드시 이곳에서 끊어 내겠다는 다짐을 했다. 하지만 일주일도 지나지 않아 도대체 어떻게 구하였는지 모를 필로폰을 다시 투약한 강기동은 그때부턴 집 밖에서 투약하지 않고 집으로 들어와 대놓고 투약하기 시작했다.

그날도 하루 종일 인근 절에서 기도를 하고 온 날이었다. 부적도, 굿도, 정신병원도 아무 소용이 없었다. 할 수 있는 것은 그저 기도였고, 빌고 또 빌었다. 제발 마약을 끊게 해 달라고. 이런 어머니의 마음을 알아 줄 리 없는 강기동은 그날도 방 안에서 투약을 했고, 이옥분이 집에 돌아왔을 땐 이미 따라꾸미가 최고조의 상태에 있었다.

"야이 개자슥아! 내 마누라 꼬아서 델꼬 갔으믄 조용히 숨어 지낼 것이제, 여긴 와 나타났노! 와 나타났냔 말이다!"

집의 모든 식기들을 창문 쪽으로 집어던지고 있는 강기동의 모습은 너무 분노한 나머지 얼굴마저 빨갛게 달아 오른 상태였다.

무서웠다. 이성을 잃은 상태에서 엄마인 자신에게조차 해코지할지 모른다는 두려움이 다가왔다. 하지만 그래도 아들이었다. 조용한 동네에 누군가 시끄럽다고 신고라도 하면 어떻게 할까봐 걱정부터 되었다. 상태가 이상한 거보다 아들이 다시 교도소에 들어갈까 걱정된 마음에 이옥분은 강기동을 달래주며 말했다.

"아무도 없다 기동아, 여기는 너랑 내밖에 없다."

"엄마! 빨리 문 닫아. 저 새끼가 엄마마저 어떻게 할지 몰라! 빨리 닫아!"

"기동아, 제발 조용히 좀 하그라. 누가 신고하믄 우얄라 카노? 아무도 없다!"

"조용히 좀 해! 엄마 목소리 듣고 저 새끼 웃고 있잖아! 잠깐만… 잠깐! 개새끼야! 그만둬!"

갑자기 창문을 닫고 버럭버럭 소리를 지르는 아들이었다.

"테이프 어딨어? 저 새끼가 엄마랑 나랑 죽이려고 독가스를 넣고 있어!"

한번 시작된 따라꾸미 증상은 짧으면 2일, 길면 3일간이나 지속된다. 필로폰을 투약하면 기본적으로 중독자들은 잠을 자지 않는다. 흥분, 각성 상태에 빠져 잠을 자지도, 밥을 먹지도 않는다. 밤새 소리를 질러 대고 있다 생각해 보라.

그래도 오늘은 양호한 편이다. 어떤 날은 자신의 아내를 뺏어간 남자의 영혼이 이옥분에게 들어갔다며 칼을 들고 설치던 날도 많았다. 이미 모든 가족들은 강기동을 외면했다. 당연한 결과였다. 아무리 가족이라도 무서워 가까이 다가가지도 못하는데 어떻게 함께 살겠는가. 남편은 일찌감치 아들과의 연을 끊겠다고 선포했고, 누나는 정신병원에 넣으라고만 할 뿐 상대도 안했다.

이옥분은 그럴 수 없었다. 아파도 아들이었다. 천금같이 귀한 아들, 세상 무엇을 내주어도 아깝지 않을 그런 아들, 포기할 수 없었다. 아니 포기란 말조차 입에 담지 않았다. 행여나 아들이 상처받을까 하는 생각에 속으로도 포기란 말은 꺼내지 않았다. 다른 사람의 눈엔 어떨지 몰라도 자신의 눈엔 그저 하염없이 아파 보이는 아들이었다.

한이 많았나, 내가 행여나 아들을 힘들게 했나, 고민하고 또 고민했지만 아들이 마약을 하는 이유를 찾을 수가 없었다. 울며 사정도 했고, 어르고 달래고, 돈도 주며 설득도 했지만 결과는 늘 같았다. 길어야 3,4일이었다. 주기는 점점 짧아져 갔고, 따라꾸미 증상도 점점 심해져 갔다.

이젠 방법이 없었다. 진짜 가스를 피워 놓고 함께 죽을까란 생각도 했지만 자고 있는 아들의 숨소리를 들으면 어릴 적 품에 안겨 칭얼대던 모습이 생각나 소리 없이 눈물만 흘릴 뿐이었다.

"아들아, 그래도 니는 내 아들이다. 모든 사람들이 손가락질하며 욕해도, 모두가 외면해도 니는 세상 하나뿐인 내 보물인기라."

이틀을 발악하다 잠든 강기동을 보고 이옥분은 더 이상 미루면 안 된다는 생각을 했다. 본인은 얼마나 힘들까. 눈에 보이지 않는 존재가 진짜로 보이고 들리고 하는데 본인은 얼마나 무서울까?

함께 죽을 생각에 번개탄을 사 놓고 잠든 아들을 마지막으로 안아 주었다. 하염없이 눈물이 흘렀다. 자신은 살만큼 살았다. 뒤늦게 고생을 했지만 그래도 아들과 함께 마지막을 보내는 것도 괜찮다 싶었다. 하지만 아들은 아직 피워보지 못한 꽃이었다. 다음 생애 다시 아들과 엄마의 관계로 만난다면 그땐 더 잘해 주리라 다짐했다.

창문 틈마다 테이프로 막고, 번개탄을 피울 통을 꺼내 잠들어 있는 강기동 옆에 두었다. 이제 불을 피우기만 하면 될 일이었다. 혹시나 아들이 고통스러울까봐 자신은 잠을 자지 않고 견디며 마지막까지 꼬옥 안아주려 했다.

그때였다. 잠들어 있던 강기동이 살며시 눈을 뜬 것은.

원래는 따라꾸미 증상을 겪고 난 후엔 며칠을 깨지도 않고 자던 아들인데 갑자기 눈을 뜬 것이었다. 본능적으로 안 것일까, 이제 모든 것이 끝났다는 걸. 바싹 입이 말라 버린 강기동은 떼어지지 않는 입을 떼며 이옥분에게 말을 했다.

"엄마, 미안타. 나도 이러는 내가 너무 싫다. 엄마, 참말로 미안타."

그 말을 끝으로 다시 눈을 감은 강기동은 이내 잠에 빠져들었다.

이옥분은 정신이 번쩍 들었다. 며칠 후면 다시 필로폰을 찾을 아들이지만 이렇게 보내서는 안 된다고 느꼈다. 처음으로 생각이 바뀌었다. 어쩌면 아들도 마약을 끊고 싶어 할지도 모른다고. 어쩌면 아들이 원해서가 아니라 진짜 귀신에 씐 것일지도 모른다고.

다음날 이옥분은 대구에 있는 모든 의사들에게 전화를 걸어 도움을 요청했다. 이옥분은 알지 못했다. 마약퇴치운동본부라는 것이 있다는 것을. 다행히 대구의료원 의사 중 한 사람이 마약퇴치운동본부로 연결해 주었고, 이옥분은 나와 조헌수 전도사를 만날 수 있었다.

따라꾸미 (4)

따라꾸미 (4)

이재규 부본부장이 겪은 따라꾸미

커피숍에 앉아 몇 시간에 걸쳐 이야기를 들었다. 입이 쓰다는 생각이 들었다. 아메리카노의 쓴 맛이 아니라, 이옥분의 고달픔이 느껴져 쓴 물이 올라오는 것 같았다. 여기에 다 담지는 못하지만 이옥분의 사례는 더욱 처절하다.

천만다행으로 강기동은 조헌수 전도사의 이야기를 생각보다 잘 받아들였고, 라파교정교실의 수업에 동참하기로 약속했다.

수업에 나온다고 해서 당장 문제가 해결되는 것은 아니다. 하지만 시작한다는 것은 굉장히 중요한 일이다. 그건 적어도 문제를 인식하려는 시도를 하고 있는 것이기에 굉장히 고무적인 일이다.

라파교정교실의 수업은 매주 목요일마다 진행되었다. 보통 중독자들이 수업에 참여를 하게 되면 처음 한두 달 간은 착실히 수업 내용에 집중한다. 마약을 끊겠다는 의지가 충만한 상태에서 수업에 임하기에 수업 참여도도 매우 높다. 하지만 중독자들의 의지는 몇 개월 지속되지 못하고 흩어지기 마련이다.

강기동도 그랬다. 한두 달은 충실히 수업에 임하였지만 결국 필로폰을 투약했고, 다시 가족들을 괴롭히기 시작했다.

처음엔 중독자들이 지속적으로 수업에 참여해주기를 기대하며 설득도 하고 달래기도 했지만 마약퇴치운동본부 부본부장일지라도 그들의 필로폰 사랑은 차마 어쩔 수 없다는 결론을 낸 것도 그때쯤이었다. 낙심도 하고 실망도 했지만 내가 어떻게 할 수 있는 부분이 아니기에 반쯤은 포기 상태에 있을 때 조헌수 전도사가 이런 질문을 했다.

"중독자들이 열심히 수업을 듣고 집으로 돌아갔을 때 수업 내용이 과연 기억에 남아 있을 까요?"

우린 수업을 진행할 때마다 항상 이런 말을 한다.

"제일 먼저 할 일은 전화번호부에 등록돼있는 번호 중 가족들을 제외한 모든 번호를 지워야 합니다. 그리고 휴대폰 번호도 바꾸셔야 합니다."

잘 참고 있다 하더라도 중독자들에게 꾸준히 연락 오는 상대들이 많다. 함께 마약을 즐겼던 사람들도 있을 것이고, 마약을 구해 달라고 연락하는 사람도 있을 것이다. 그리고 본인이 유혹을 뿌리치지 못하고 다시 상선에게 연락하는 경우가 많기에 우린 반드시 번호를 지우거나 바꾸라고 한다.

번호를 지우거나 바꾼다고 마약을 끊는 건 아니다. 하지만 이건 의지를 심어 주는 것이었다. 마약을 끊겠다는 의지. 그러나 이 의지도 결국 혼자 있는 시간에 퇴색되기 마련인데 어쩌면 당연한 일이라고 생각했다. 아무도 없는 집안에 혼자 있을 때 우린 무엇을 하고 있을까? 각자의 취미 생활을 하든 아니면 휴식을 취하겠지만 중독자들의 온 관심과 고민은 마약이기에 이 시간이 제일 위험한 시간이다.

"함께 살며 그들을 도와야겠습니다."

환경을 바꿔라, 만남을 바꿔라, 생각을 바꿔라. 다들 바꿔라 바꿔라 말은 한다. 하지만 조현수 전도사는 자신의 생각을 바꿨다. 중독자들을 진짜 돕는 것은 수업 한번, 교육 몇 번으로 될 수 있는 부분이 아니며, 일상생활에서부터 꼬인 부분을 함께 풀어나가야 한다는 것이었다.

솔직히 이런 말을 들었을 때 난 머리를 꽝 하고 한 대 맞은 듯한 충격을 느꼈다.

중독자들과 함께 산다? 가족들도 감당하기 힘들어 하는 사람인데 같이 산다? 무엇을 위해서? 아니 어떤 이유가 있다고 해도, 왜 이렇게까지 그들을 도우려고 하는 걸까? 심지어 본인은 마약을 경험해 본 적도 없는데….

많은 사람들이 중독자들을 도와주려 하는 건 사실이다. 그래서 우리가 후원을 받으며 그들과 함께 이 운동을 지속해 나갈 수 있는 것이다. 하지만 같이 산다는 건 정말 다르다. 중독자 본인은 중독자임을 인정하지 않지만 정작 그 옆에 함께 사는 가족들은 점점 중독 증상들에 시달리다가 떠나간다. 부모도 가족도 떠나가는데 피 한 방울 섞이지 않은 남이 중독자와 함께 산다는 것은 정말 힘든 결단이었다.

근원적 운명, 배경적 운명, 습관적 운명에서 빠져나오라고 강의 때마다 외치더니, 중독자들이 운명에서 나오지 않자 결국 조헌수 전도사 본인이 중독자와 함께 사는 운명 속으로 들어가 버렸다.

왜 NA(익명의 마약중독자) 모임의 12 스텝에서 영적인 힘을 말하겠는가?

중독자들과 함께 사는 동거를 결정한 이유를 알 것 같지만 부인과 3남 1녀를 둔 가장으로서 집을 나와서 중독자들과 삶을 나눈다는 것은 상상할 수 없는 결정이었다.

중독 너머에 있는 눈에 보이지 않는 문제를 강의나 포럼이 아니라 함께 살면서 영적 싸움으로 끝을 보겠다는 것이다. 수많은 의사와 전문가들이 해결책을 찾기 위해 노력하지만 사실 아직 완벽한 해결책을 찾아내지 못한 실정이다. 그렇기에 조헌수 전도사의 방법은 자칫 무모하지만 어쩌면 훌륭한 방법이 될 수도 있는 것이었다.

난 그날 조헌수 전도사에게 내가 도울 수 있는 것이 있다면 적극적으로 돕기로 약속을 했다. 조헌수 전도사는 그날부터 지금까지 20년을 중독자들과 함께 살고 있다. 황당한 일부터 위험한 상황까지 다양한 일들이 많았지만 그는 끝까지 포기하지 않고 중독자들을 돕고 있다. 그리고 돕는 과정에서 겪었던 일들을 뮤지컬로 만들어 실제 회복자와 전문 배우들이 함께 마약퇴치 운동을 지금도 하고 있다.

조헌수 전도사는 중독자들과 함께 사는 집을 미션홈(그룹홈)이라고 불렀다. 중독으로 인해 무너진 인생이지만 이 일을 계기로 다시 딛고 일어나 자기와 같이 무너진 사람들에게 절망이 아닌 희망이 있다는 것을 보여주고, 아무도 못하는 일을 함께 하자는 사명을 주자는 의미로 만들어진 이름이었다.

강기동은 미션홈으로 들어갔다. 그리고 그곳에서 여러 명의 중독자들과 함께 생활하기 시작했다.

미션홈에서 일어난 일들은 너무 많고 다양하기에 훗날 문제 치유란 주제로 다시 글을 쓸 것을 약속하며, 여기서는 이번 편의 주제인 문제 인식에 필요한 부분에 한해 간략하게 말하겠다.

미션홈에선 매주 2차례씩 회복자들과 함께 야간산행을 했는데 체력적으로 많이 무너진 그들에겐 좋은 운동 방법이었다. 나도 종종 야간 산행을 함께 하던 때였다.

며칠 전 강기동이 갑자기 미션홈을 나간 뒤 연락이 되지 않는단 연락을 받았을 때 당연히 필로폰을 투약했겠구나 짐작하고 있었는데 불현듯 강기동에게서 산 밑에서 기다리고 있다는 연락이 왔다.

조헌수 전도사와 함께 올라가는 팀과는 나중에 정상에서 만나기로 하고 난 강기동을 만나기 위해 산으로 먼저 향했다.

등산로 초입에서 서성이며 날 기다리던 강기동을 보자마자 나는 알 수 있었다, 필로폰을 투약했다는 것을. 그래도 투약한 후 다른 곳으로 향하지 않고 우리에게 왔다는 사실에 안도감을 느꼈다. 숨지 않고 보이는 곳에 있다는 것은 의미가 크다.

재활을 도울 때 주의해야 할 점이 있다면 회복을 하는 과정 중 다시 마약 앞에 무너졌다고 책망하지 않는 것이다. 도와 주는 사람도 실망하겠지만 중독자들이 겪는 자신에 대한 실망감과 미안함 그리고 패배감은 우리가 상상하는 것보다 더 크고 깊다. 그들을 책망한다면 오히려 미안함에 더 은밀한 곳으로 숨어 버리는데, 이것은 중독자에게도 우리에게도 결코 유익하지 못하다. 이건 여러 번의 경험을 통해 체득한 지식이므로 꼭 염두에 두어 나와 같은 실수를 하지 않았으면 한다.

강기동과 난 함께 산을 올랐다. 급격한 경사가 있는 곳이 아닌 산보 수준의 등산로를 택한 건 필로폰의 약효에 의해 현재 몸의 기능이 정상이 아닌 것을 감안해서였다.

우린 둘 다 말없이 걷고 또 걸었다. 지금은 아무 말도 안 하는 것이 나을 것이란 판단에서였다. 무너졌다는 상실감과 미안함에 고개도 들지 못하는 사람에게 어떤 위로나 책망은 필요 없어 보였다.

한 시간쯤 걸었을까. 뒤에서 조용히 따라오던 강기동이 내 옷깃을 잡아 멈춰 세웠다.

"힘들면 좀 쉬다 갈까요?"

가방에서 물병을 꺼내 건넸지만 그는 가만히 있을 뿐 어떤 말도 하지 않았다. 깜깜한 산에 가로등 빛이 등산로를 비추고 있었다. 우리가 걷는 길만 보일 뿐 잠시만 벗어나도 칠흑 같은 어둠에 쌓인 산이었다. 말없이 서 있던 강기동이 물끄러미 보앉을 때 난 오싹함을 느꼈다.

필로폰을 투약한다고 해서 이성적인 판단이나 생각을 못하는 것이 아니다. 어떤 중독자는 투약을 한 상태로 회사도 가고, 친구들과 어울리거나 사람들이 있는 곳에서 아무렇지 않게 행동하곤 한다. 이것이 필로폰의 무서운 점 중 하나다. 도무지 종잡을 수 없다는 것이다. 우리가 아무리 특징이라고 말해도 어느 날은 그 특징이 다르게 나타나는 경우도 많기 때문이다.

강기동은 낮은 목소리로 나에게 말했다.

"실장님(라파교정교실에서 실장이라고 불렀다), 이제 그만 끝내이소."

내가 실제로 본 따라꾸미는 그렇게 아무도 없는 칠흑 같이 어두운 산에서였다. 애써 태연한 척 물었다.

"끝낸다고요? 무엇을?"

강기동은 아무것도 보이지 않는 수풀 속을 보며 말했다.

"아무리 숨어 있다고 해도 다 보입니다. 지금 우리 주위로 경찰들이 대기하고 있다 아입니까."

"우리밖에 없습니다. 지금 환상을 보고 있는 거라요."

"실장님! 정말 이러실 겁니까! 다 알고 있어예! 머스마답게 그냥 날 죽이고 다 끝내이소."

만일 당신이 이런 상황에 놓여 있다면 중독자에게 무슨 말을 해줄 것인가? 아마 당황스러움에 아무 말도 못 할 것이다. 나도 마찬가지였다. 처음 바로 옆에서 보게 된 중독자의 따라꾸미는 이성적으로 대처할 수 있는 문제가 아니었다.

물론 지금은 대처할 수 있다.

따라꾸미가 온 상태라면 함께 동조해 주는 것이 좋은 방법이다. 그들이 실제로 보고 있는 것을 아무리 없다고 말해도 믿지 않기에 차라리 보고 있는 것을 함께 보는 척한다면 오히려 대화하기가 더 수월해진다.

그때는 몰랐다. 어떻게 대처해야 하는지. 나름 최선을 다해 아니라고 했지만 강기동은 절대 내 말을 믿지 않았다.

지금은 그러한 상황을 만나면 "그런 생각을 가지고 계신다고 하니 정말 끔찍하고 힘드셨겠네요."라며 그런 상태로 인해 당신이 얼마나 힘들고 괴로웠겠느냐 하는 점을 공감해 준다. 그러면서 은근슬쩍 "저로서는 그 생각에 동의하기는 힘듭니다만" 혹은 "제 생각은 좀 다르긴 한데요."라는 식의 언급을 끼워 넣는다.

"저 짝에 지금 저격수들이 날 조준하고, 산 밑에서 경찰차들이 길을 막고 있는데 와 자꾸 거짓말 하는교? 그냥 끝내이소!"

"정신 차리소. 지금 여긴 우리 둘 뿐이라예."

강기동은 가슴을 탁탁 치며 억울함이 올라와 몸 둘 바를 모르는 사람처럼 말했다.

"와! 사람 빙신 취급하는교? 저래 티 나게 숨겨 놓고 아니라면 내가 믿겠으예?"

저격수가 몇 명인지, 경찰차가 몇 대인지, 어느 지역 경찰인지까지 아주 상세하게 설명하는 강기동을 보며 그의 가족들이 많이 힘들었겠구나 싶었다. 그리고 문득 이런 사람들과 함께 살고 있는 조헌수 전도사에 대한 존경심이 생기기도 했다.

30분 넘게 맞다 아니다의 싸움이 이어졌다. 자신이 보고 있는 것이 사실이라는 사람과 거짓이라고 하는 사람 간의 싸움, 누구 말이 맞고 틀리고의 문제가 아니라 이러다가 누군가 보게 되어 신고라도 한다면 난감해질 상황이었다.

나야 경찰이 온다면 재활을 돕고 있는 마약퇴치운동본부 직원이라고 하면 되는데, 그래도 법대로 처벌을 받아야 하는 입장인 강기동은 자신의 처지를 아는지 모르는지 고래고래 소리질러가며 자신의 주장을 우기고 있었다. 저러다 잡혀가면 어떡하지 하는 걱정에 오히려 내 목소리는 작아지고 중독자의 목소리는 커지는 참으로 웃긴 상황이 벌어지지만 그래도 서둘러 정리를 해야 했다.

조헌수 전도사에게 도움을 청하기 위해 전화를 걸었다.

"어디쯤입니까? 지금 쪼메 난처한 상황인데예…."

우리가 있는 곳까지 금방 도착한다는 기쁜 소식에 잠시 안

도하던 찰나 강기동은 내가 전화한 상대가 경찰 서장이라고 우기고 있었다.

"그렇게 은밀하게 말한다고 못 들을 거 같습니까? 빨리 날 죽이소!"

"지금 조헌수 전도사랑 통화한 거 못 들었으예?"

"남부경찰서 서장 목소리인 거 뻔히 들었는데 와 이라는 교 참말로."

난 다시 전화를 걸어 조헌수 전도사의 목소리를 들려주었다. 하지만 강기동은 끝내 남부경찰서 서장이라는 주장을 굽히지 않았다.

이쯤에서 또 다른 사실을 알 수 있었다. 이들은 단순히 보는 것만이 아니라, 듣는 것도 자신이 듣고 싶은 대로 듣고 있다는 사실이었다.

경찰에게 둘러싸여 있다는 두려움에 사로잡혀 모든 것이 그렇게 보이고 들리는 상태라는 것을 깨달은 후 난 아무 말도 하지 않았다. 무슨 말을 해도 자신이 생각한 대로 들을 것이기에 다른 말을 할 이유가 없었다. 내가 말이 없자 자신의 주장이 맞는다는 확신을 갖게 된 강기동은 결국 산 밑으로 뛰어 내려갔고, 덕분에 더 빨리 조헌수 전도사 일행을 만날 수 있었다.

조헌수 전도사와 함께 올라온 회복자들은 강기동의 양팔

을 잡고 산을 내려갔고, 자신이 경찰에게 잡혔다는 좌절감에 빠진 강기동은 이렇게 된 이상 자수를 하겠다며 스스로 112로 전화를 걸려고 했다. 상식적으로 말이 되는 상황이 아니다. 만일 본인 주장대로 잡힌 거라면 왜 다시 경찰에게 전화를 건다는 말인가.

미션홈으로 돌아와 겨우 안정을 시킨 후에야 강기동은 잠이 들었다. 이곳에선 일상적인 상황인지 동요하는 모습이 보이지 않았다. 아무래도 같은 처지에 있는 사람들이다 보니 더 잘 이해하고 수습을 해주는 것 같았다. 이날, 내가 본 따라꾸미 증상은 사실 아주 약한 상태를 본 것이다.

지금이야 훨씬 더 크고 스펙터클한 따라꾸미를 많이 보지만 그때까지만 해도 참 많이 당황했던 거 같다. 이후 내가 직접 보게 된 따라꾸미 증상은 수도 없이 많았지만 그중 기억에 남는 몇 가지 사건을 나열하자면 이렇다.

빨간 눈동자가 자신을 계속 바라보고 있다며 그 눈동자들을 모두 수거해 캐리어에 담아 아파트 베란다 밖으로 던진 사건이 있었고, 누군가 자신의 머릿속에 칩을 심어 자신을 조종하고 있다고 한 중독자도 있었다. 자신이 지금 움직이고 있는 것이 자신의 의지가 아니라 컴퓨터에 의해 조종되고 있다는 말을 하며 하루 종일 춤을 추고 있었던 그 사람은 근육통으로 며칠을 고생했다고 한다.

신발을 벗고 택시를 탄 사내도 있었다. 왜 벗었냐는 질문에 임금님이 타고 계신 가마 같아서 공손하게 타려고 했다고 한다. 이 사람은 이후로 보지 못했다. 아마 다시 교도소 신세를 지고 있을 것이다.

진짜 난감했던 사건은 자폭 사건이었다. 우리가 자신의 재산을 갈취하기 위해 감금, 폭행을 행하고 있다고 경찰에 신고한 사건이었는데, 그날 누군가 자신의 귀에다 그렇게 말하면 필로폰 투약한 사실을 무마시킬 수 있다고 전했다고 한다. 우리가 재활을 돕는 사람이라고 선처를 부탁해 정신병원에 입원하는 조건으로 간신히 무마된 사건이었다.

정말 많은 일들이 있었다. 지금도 이 사건들은 끝나지 않고 계속되고 있다. 힘들기도 하고 원망스러운 사건도 많았지만 포기하지 않고 이들과 함께 하는 이유는 간단하다.

보았기 때문이다. 중독자들의 근원적인 문제가 내 안에도 있다는 사실을.

감빵일기 - 김상우 사례

안녕 하세요.

앙상하던 나무가지에 새로운 싹이 돋아
...긴 푸르름을 받하고 있습니다.

앙티치 본부에서 발행하는 회보를 책자를
...고 저의 자신에 대하여 한번 더 돌아
...께 되는 계기가 되었습니다.

...의 편의 답장할 이름 오를 분이 메시지의
...가 있는데 마약티치 본부에서 믿심다는
...을 듣는 순간 눈물이 나리는 했습니다.

...러분에 대한 사랑라 하찮은 투약자
... 사랑을 위해 이렇게 찾아 주시는 분이
...다는 것에 감사와 함께 큰 꿈을 수
...다고 자신이 필로 생각했습니다.

...보생활을 하며 마약을 끊어야 하기
...라 더 많은 사람을 알게 되어 더욱
...게 마약을 구 할수 있는 점...

...약으로 인해 너무나 많은 것을 잃고
... 질 의면하는 여러지인들. 이제는
...막 끊기위하여 자수를 하였지만 미안한
...들의 가족들에게도 말 할 수가 없는
...장에 놓였습니다.

...수를 하면 영원으로 감어 지대로 도

감빵일기 - 김상우 사례

중독자들이 겪는 따라꾸미의 공통점이 있다면 그것은 불안감이다. 불안감은 다양한 형태로 드러나는데 그중 제일 큰 불안감은 교도소에 가는 것이라고 한다.

앞에서 마약사범의 교도소 송치 과정과 교도소 생활을 간략하게 말한 바 있다.

중독자들의 가장 큰 고통이 왜 교도소 생활인지 알게 된 건 교도소 재활강의를 맡게 되면서였다. 마약사범 재활교육을 맡게 된 것은 어쩌면 너무나 당연한 순서였다.

처음 중·고등학생 약물 오남용 예방교육을 시작으로 한국 사이버시민마약감시단을 거쳐 재활기관 강의를 맡게 되었으며, 라파교정교실을 통하여 중독자들의 집중교육을 시작하였고, 이제는 교도소와 구치소의 마약사범 심리치료와 재활교육 강의까지 맡게 된 것이다. 분기별로 진행되는 강의는 마약사범들의 재활강의 및 그들의 단약 동기를 강화하는 것이다. 영적 치유와 재활 강의는 조헌수 전도사가 진행하였고, 중독성 약물의 위험성을 알리고 단약 동기를 강화하는 강의는 내가 진행하였다.

학생들과 수감자는 당연히 분위기부터 다르다. 무언가 엄청난 중압감이 짓누르는 듯한 느낌으로 강의를 시작했던 것 같다.

수감자들은 강사의 눈빛만 보고도 이 사람이 마약 경험자인지 아니면 이론으로 알고 있는 사실을 나열하는 것인지 단번에 알아내는데, 만일 이론적인 사람이라면 교육 진행에 있어서 불필요한 에너지를 소모하게 만든다. 불행히도 난 이론적인 사람이었다.

강의를 듣는 수감자들은 크게 세 부류로 나뉜다.

첫 번짼 진심으로 마약을 끊고 싶어 혹시 강의를 들으면 도움이 되지 않을까 하는 희망이 있는 수감자, 두 번째는 교도관들이 교육에 참여하라고 시켜서 억지로 앉아 있는 수감자,

마지막으로 방 안에 그냥 앉아 있기 심심해서 마약을 끊고자 하는 마음도 없으면서 괜히 강사에게 시비를 걸기 위해 오는 수감자들이다.

마지막 수감자 놈들이 항상 문제였다. 놈이라는 격한 표현을 쓰는 이유는 당연히 짐작할 수 있을 것이다. 교육을 듣지도 않을 거면서 제일 앞에 앉아 다른 교육생들 방해나 하는 천하에 다시없을 극악무도한 놈들이다.

초창기 교도소 강의를 하러 갈 때마다 이놈들에게 상당히 많은 심력을 소모해야 했다.

가령 이런 것들로 시비를 건다.

"강사님 뽕 잘 모르시잖아요. 여자랑 뽕을 하는 게 얼마나 좋은지 알면 강사님도 여기 앉아 있으실 걸요."

"다 필요 없고, 저 탄원서 좀 써 주십쇼. 제가 빨리 나가면 마약퇴치운동본부에 후원도 하고, 열심히 살겠습니다."

필로폰을 하는 여자들 대부분 창녀보다 못한 대접을 받는다. 아니 어쩌면 성매매 여성이 더 나을지도 모른다. 여자가 필로폰에 중독돼 자신의 할아버지뻘 되는 상대에게 쩔쩔매는 경우를 숱하게도 보았다. 얼마나 비참하게 무너져 있는지 바로 옆에서 지켜본 나로서는 수감자들이 저딴 말을 지껄일 때마다 그대로 가서 한 대 때려버리고 싶다. 하지만 생각만 여러 번 했을 뿐 실행에 옮기진 못했다.

탄원서도 그렇다. 정말 지긋지긋하게 부탁받는다. 마약퇴치운동본부는 마약사범들 탄원서를 써 주는 곳이 아니다. 가끔 특별한 경우에 한해서, 그것도 많은 회의 끝에 탄원서를 써 주긴 하지만 사실 탄원서라는 것이 재판에 참고만 할 뿐 어떤 영향력을 행사하진 않는다. 그리고 후원 어쩌고 하는 사람들이 출소 후 인사라도 한 번 하러 오는 걸 보지 못했다.

하지만 강의가 이렇게 매번 힘든 것은 아니다. 때로는 정말 안타까워 같이 눈물 흘리며 꾸준히 서로에게 편지를 건네면서 가깝게 지내는 수감자들도 많다. 그들은 절실하게 도움받길 원하고 있으며 나는 내가 해줄 수 있는 한 성심성의껏 그들을 도왔다.

김상우를 만난 것은 청송교도소 강의 때였다. 그는 지금 보는 책의 제일 서두에 나온 인물로서 내게 아주 강렬한 기억을 남긴 몇 안 되는 인물이었는데, 그건 김상우 뿐 아니라 그의 아내까지도 내가 지속적으로 상담을 하며 도와준 인물이기 때문이다.

김상우는 4년 형을 받고 조금 지난 시기에 나를 만났다. 강의를 진행할 때 제일 뒷자리에 앉아 강의는 듣지 않고 무언가를 계속 노트에 적고 있었는데, 훗날 무엇을 적고 있었는지 알

앉을 때 굉장히 경악했던 기억이 난다.

가장 친한 친구의 배신으로 교도소에 수감된 그였다. 뽕쟁이들끼리 무슨 의리 타령이냐 하지만 그의 친구는 뽕쟁이가 아니라 진짜 죽마고우였다. 어려서부터 함께 조직폭력배 생활을 시작한 친구였다. 조직생활의 가장 힘겨운 막내시절을 함께 보내며 서로가 서로에게 큰 힘이 되었던 두 사람이었다.

나이가 차고 조직의 서열에서 제법 알아주는 위치가 되었을 때 죽마고우였던 둘 사이를 갈라놓은 건 필로폰이었다.

친구는 건달로서 뽕쟁이가 되는 것이 수치스럽다 했고, 김상우는 후배의 권유로 시작했다가 끊지 못하고 점점 더 중독의 길로 들어서고 있었다. 조직폭력배 사이에서도 뽕쟁이들은 인정을 받지 못한다.

그는 건달의 수치로 후배들에게 무시를 받기 시작하며 결국 서열에서도 점점 물러나 설 자리를 잃게 된다. 자존심 하나로 산다 해도 과언이 아닌 건달로서 후배들에게 무시를 당하는 엄청난 수치심에도 그는 마약을 끊지 못했고, 결국 후배들의 성화에 못 이겨 조직에서 물러나는 치욕적인 상황까지 도달했다.

조직에서 물러난다는 것은 모든 경제활동이 막힌다는 말이나 다름없다. 돈이 없는 건달, 뽕쟁이 건달, 하지만 그럼에도 점점 더 중독으로 가고 있는 자신, 그때쯤 김상우는 굉장히 폭력적인 사람으로 변했다고 한다.

결국 후배들에게 손찌검을 했고, 집에서는 아내에게 폭력을 행사했다. 보다 못한 친구는 그를 직접 신고까지 하게 되었는데 문제는 자신의 잘못은 절대 인정하지 않은 채 친구에게 모든 분노를 표출하는 그의 정신상태였다.

무너져 가는 자신과는 반대로 점점 승승장구하는 친구, 그런 친구에게 자신의 아내까지 뺏길지도 모른다는 의심과 더불어 자신을 지켜주지 않았다는 복수심까지 생긴 김상우는 출소만 하면 반드시 친구를 죽이겠다고 다짐하고 있을 때였다.

고개를 숙이고 있을 땐 몰랐지만 강의 중 우연히 보게 된 그의 눈빛은 살기가 가득했다. 그러고 보니 중간중간 휴식시간에도 아무도 그의 곁으로 다가가 대화를 하지 않는 것이 보였다.

"크림단팥빵 안 좋아하십니까?"

교도소 강의를 갈 때는 늘 수감자들의 간식을 준비해서 들어가는데, 이번엔 출시되자마자 선풍적인 인기를 끌고 있는 어느 제과점의 크림단팥빵이었다.

수감자들은 외부 음식을 먹을 기회가 없기 때문에 크림단팥빵을 유난히도 좋아했는데, 그는 옆에 두고만 있을 뿐 시선도 주지 않았다.

"지금 대구에서 제일 잘 나가는 빵집에서 사온 겁니다. 맛 좀 보이소."

빵을 먹으라는 말이 아니다. 김상우와 대화를 하고 싶어 건 넨 말이었다. 진심을 알았을까 조용히 포장지를 뜯어 한 입 베 어 물었다.

"수번이 3489번이네요. 성함이 김상우 씨 맞죠?"

말없이 고개만 끄덕이는 그의 옆에 앉아 묵묵히 빵 먹는 모습을 보고 있었다.

"운명이란 거, 있다고 믿습니까?"

나도 왜 이때 이런 말을 했는지 정확히 모른다. 하지만 그 의 얼굴을 보고 있자니 딱히 다른 말로 그와 대화를 할 수 있 을 거 같지 않아 건넨 말이었다.

"믿습니다."

들려온 대답은 뜻밖에 운명을 믿는다는 말이었다.

"그라믄 김상우 씨도 그 운명에 갇혀 있는 거 아십니까?"

빵을 다 먹고 물을 한 모금 마신 후 그는 내 얼굴을 똑바로 보며 대답했다.

"전 교도소에 갇혀 있습니다. 운명이 아니라."

"저와 함께 강의를 하는 조헌수 강사란 사람이 이렇게 말을 했지요. 철창 안에 갇혀있다 생각하지 마라. 인간은 모두 운명 이란 감옥 안에 갇혀 있다."

김상우는 피식 거리며 비웃듯 말을 이었다.

"그건 철창 안에 갇혀 보지 못한 자들이 지껄이는 말입니다. 당신들은 모릅니다. 여기가 얼마나 지옥 같은지."

"조헌수 강사도 철창 안에 갇혀 있었다 카던데예."

"그라믄 둘 중 하나 겠네예. 위로로 해주는 말이거나 아이른 약 올리려고 하는 말이거나."

"운명이란 말 믿는다 하지 않았으예?"

"내 운명이 아니라, 상대방의 운명입니다. 날 이렇게 만든 놈이 어떤 운명이 될지 내가 알 거 같다고 하는 거지예."

느껴졌다. 지독한 복수심. 반드시 상대를 죽이겠다는 각오, 그리고 처절한 분노.

당시 난 그가 누군가를 죽이겠다고 다짐하는 줄 모르고 있었다. 그저 교도소의 답답함에 자신을 씹은 놈을 증오하는 정도로 생각했다.

"문제의 본질을 못 본 채 풀려고만 하니 답이 나오지 않는 거라예. 씹은 놈을 죽인다 한들 김상우 씨의 문제가 근본적으로 해결이 되는 건 아입니더."

처음으로 내 말에 반응을 보인 건 그때부터였다. 끓어오르는 살기가 잠시 누그러들고 정말 궁금해 하는 표정으로 날 보며 그는 말했다.

"그럼 날 이렇게 만든 놈을 죽이지 말고 보고만 있으라 이 말입니까?"

"그 사람이 문제입니까? 필로폰에 빠져드는 김상우 씨가 문제지. 분노라는 감정에 속아서 본질을 놓치면 안 됩니더."

"그럼 제가 우예 해야 합니까?"

여기서 지금 생각해도 기가 막힌 명대사가 나온다. 내가 어떻게 이런 멋진 말을 했을까 지금 생각해도 의문이다.

"당신과 관련된 사람들에게 복수를 하고 싶습니까? 최고의 복수는 당신이 살아나는 겁니다."

이 말엔 한 가지 맹점이 있다. 살아나는 방법이 무엇인지를 모른다면 하등 쓸모없는 겉치레 말이 된다는 것이다. 하지만 방법이 있었다. 복수하지 말라는 단순한 말이 아니며 마약을 끊으라는 말도 아니었다. 인생을 바꿀 기회라고 하는 말이었다. 본질을 잊은 채 감정으로만 판단하고 행동하려 하지 말고 본질을 찾고, 거기서 빠져나오라는 말이기도 했다.

김상우에게 대구마약퇴치운동본부 주소를 적어 주었다. 앞으로 이쪽으로 궁금한 것이나 답답한 것들을 적어 보내면 답장을 해주겠다고 약속도 했다.

그는 며칠 후 바로 편지를 보내왔고, 우린 그렇게 서로에게 지속적으로 편지를 보내기도 하고 면회도 가며 친해지게 되었다.

감빵일기는 실제 마약사범인 김상우(가명)가 나에게 보낸 편지를 그대로 옮긴 것이다. 그의 목소리로 직접 들어보도록 하겠다.

이재규 강사님께

날이 많이 덥습니다.
여기는 선풍기 한 대에 의지한 채 찜통 같은 더위를 보내고 있습니다.
보내주신 편지는 잘 받았습니다.
히로뽕 때문에 무너진 인생이 아니라 히로뽕을 할 수밖에 없는 인생이었다는 말은 잘 이해가 안 되지만 그래도 더 깊이 생각해 보겠습니다.
부탁이 한 가지 있습니다.
제 집사람에게 찾아가 면회 좀 와달라고 해주십시오.
제가 많이 힘들게 한 건 맞지만 그래도 부부인데 이렇게 끝내는 건 아니라는 생각이 듭니다.
꼭 찾아가서 면회 좀 와달라고 해주십시오.
히로뽕에 중독돼 많이 때렸습니다.
아마 쳐다도 안 보려고 할 겁니다.
부탁이니 꼭 설득해서 같이 면회 좀 와 주십시오.

이곳 생활은 너무 답답합니다.

좁은 방 안에서 다른 놈의 땀 냄새 맡기도 싫고, 먹을 거 가지고 쪼잔하게 싸우기도 싫은데, 방이 좁아서 그런지 마음도 계속 좁아집니다.

하루에도 몇 번씩 화가 나고 날 씹은 그놈을 찾아가 칼로 찌르는 상상을 합니다.

강사님의 편지가 아니었다면 아마 난 독방에 틀어박혀 점점 더 미쳐 갔을지도 모릅니다.

마약 재소자의 명찰은 다른 재소자들과 색깔이 다릅니다. 뽕쟁이라고 하며 다른 재소자들은 우리를 무시합니다. 어제는 운동시간에 시비를 거는 새끼와 싸우려다 참았습니다.

예전 같으면 날 쳐다도 못 볼 새끼인 거 같던데 마약 명찰 달고 있다고 무시하고 있습니다.

조직생활에서도 무시당하다 이젠 별 시답잖은 놈까지 날 무시하니 정말 화가 나더군요.

벌레처럼 밟아 죽이려다가 참았습니다.

최고의 복수를 위해 살아나라는 그 말 때문이었습니다.

어떻게 하면 살아날 수 있는 겁니까?

답답합니다.

빨리 여기서 나가고 싶지만 한편으론 무섭습니다.

이성적으로 안 되는 감성이, 생각대로 안 되는 마음이, 다시 나를 히로뽕으로 돌아가게 할까 봐 겁이 납니다.

처음 교도소에 들어오고 1년간은 복수심에 미쳐 아무 생각도 못했지만 지금 보니 히로뽕의 약효가 빠지지 않아서 그런 것도 같습니다.

지금 저의 가장 큰 걱정은 집사람입니다.

히로뽕에 미쳐 모두가 날 떠났습니다.

집사람마저 떠나면 제 주위엔 아무도 없습니다.

꼭 집사람 좀 설득해 면회 좀 오라고 해주십시오.

제가 잡혀 가는 모습을 보고 있었습니다.

아마 많이 놀랐을 겁니다.

집에 있는데 누군가 제게 전화를 걸어 제 차에 접촉 사고를 냈다고 해서 나갔는데 그게 경찰의 전화였습니다.

도망가려고 잡고 있는 경찰을 때려서 가중 처벌을 받았습니다.

그냥 순순히 잡힐 걸 하며 후회도 많이 하고 있지만 어쩔 수 없는 것이지요.

강사님! 앞으로 남은 2년 9개월을 어떻게 보내야 할지 막막합니다.

10년도 넘은 거 같은데 아직 1년 3개월밖에 지나지 않았고, 아직도 2년 9개월이나 남았다는 사실이 저를 자꾸 죽게 합니다.

버티고 버티다 보면 나갈 날이 온다지만 너무 답답해 당장 죽을 거 같습니다.

어제는 말씀하신 성경도 보고, 저의 과거를 꼼꼼히 노트에 적어 보기도 했습니다.

정리가 잘 안되더군요.

그래도 한 가지 깨달았다면 참으로 저의 인생은 보잘것없고, 비참하다는 것이었습니다.

남에게 해만 끼치고 살았습니다.

어려서는 깡패로, 이제는 중독자로, 아직 친구 놈이 이해가 되는 건 아니지만 그래도 이해해 보려고 노력은 하고 있습니다.

제가 살 수 있는 방법이기에 복수를 생각하지 않으려고 무던히도 애쓰고 있습니다.

상처를 생각해보라고 하셨는데, 상처를 준 기억만 있지 제가 어떤 상처를 받았는지 잘 생각이 나지 않습니다.

그래도 끝까지 찾아보겠습니다.

말이 너무 길었습니다.

마지막으로 반드시 집사람에게 찾아가 꼭 면회 좀 와달

라고 해주십시오.

덥지만 건강에 늘 유의하시고. 잘 지내십시오.

2004년 청송교도소

김상우

김상우 씨의 편지를 받은 난 그의 아내를 찾아갔다. 미리 전화를 걸고 찾아갔지만 어쩔 수 없이 날 맞이하는 아내의 반응은 냉랭하기만 했다.

"벌써 2년밖에 안 남았으예. 마약퇴치본부라고 했지예? 그놈 나오믄 제발 정신병원에 쳐 넣을 수 있도록 도와주이소!"

오죽하면 이럴까란 말은 이런 상황에서 쓰는 말이다. 정말 오죽했으면 자신의 남편을 강제 입원시켜 달라고 할까.

김상우의 아내를 만난 후 듣게 된 이야기는 조금 충격적인 이야기였다.

사건의 전말은 이랬다.

평소부터 김상우는 잘 나가는 친구에게 비교의식이 많았다고 한다. 중독으로 가게 된 것도, 자신보다 잘 나가는 친구에게 질투를 느끼며 스트레스를 받아오다 후배의 권유로 스트레스를 풀기 위해 시작했다고 한다.

필로폰 중독은 점점 심해졌고, 급기야 따라꾸미까지 와서 집 밖으로 나가지도 못하고 두려움에 떨었다. 결국 따라꾸미는 자신의 아내가 친구와 바람을 피우는 것으로 보이기 시작했고, 그때부터 김상우는 아내를 때리기 시작했다.

아내에게 자살을 하라고 하고, 농약을 사러 같이 가자고 하고, 시너를 뿌린 후 다 같이 죽자고 하는 등 아내가 겪은 고초는 상상을 초월했는데, 친구 놈과 성관계를 했다고 의심하며 속옷까지 벗기고 확인할 때는 여자로서 겪는 수치심에 진짜 자살까지 생각했다고 한다. 아내는 하염없이 울며 나에게 쌓여있던 한을 토해내고 있었다.

김상우의 친어머니마저 무서워하는 지경까지 갔을 때 아내는 경찰에 자신의 남편을 신고했다.

여기서 중요한 사실은 친구가 자신을 신고했다고 생각한 것인데, 진실은 그의 아내가 신고를 한 것이었다.

그의 친구는 중독이 시작된 무렵부터는 아예 김상우를 상종조차 하지 않았다고 한다. 그런 친구가 왜 그를 신고하겠는가?

당연히 일반적인 사람이라면 그렇게 생각하겠지만 자신이 생각한 대로 보고 있던 김상우는 친구가 자신을 신고 했다고 단정을 짓고, 복수심을 불태우고 있었던 것이다.

아내는 두려움에 떨고 있었다. 2년이나 남았다는 김상우와는 대조적으로 2년밖에 남지 않았다고 했다.

김상우는 나에게는 아내를 찾아 달라고 부탁하면서도 정작 아내에겐 출소하면 자신을 신고한 모든 자를 찾아내어 죽이겠다고 편지를 보내왔다. 그는 아내가 자신을 신고한 줄 모른다. 조금만 생각해 보면 알 수 있는 사실이지만 질투에 눈이 멀어 이성적인 판단을 내릴 수 없는 상태다.

아내가 자신을 떠날까 불안해하면서도 경찰에 신고한 사람이 정작 아내라는 것을 모르는 김상우는 아내에게 말하기를, 자신을 신고한 자를 죽인 후 한국을 같이 뜨자고 했다 한다. 모든 사실을 알았을 때 나 역시 눈앞이 캄캄해지듯 답답했다.

제발 정신병원에 강제 입원시켜 달라는 김상우 아내의 부탁은 안타깝지만 들어줄 수 없었다. 현행법상 사람을 강제 입원시킬 수 있는 방법이 없다. 특히나 교도소 만기 출소자를 나오자마자 바로 어딘가에 입원시킬 명분도 없다. 멀쩡한 사람 입원시킨다며 인권위원회에 고발이라도 하면 오히려 난감해지는 것은 병원이니, 정신병원 측도 절대 김상우를 받지 않을 것이다. 사설 업체에 불법으로 입원시킨다고 한들, 그 비용을 감당이나 할 수 있겠는가. 이것도 그런 사설 업체가 있어야 한다는 전제조건이 붙지만 현실적으론 모든 부분에서 불가능하다.

중독의 문제 속에 가장 큰 문제는 위기에 빠진 가족이다.

답이 없어 고통 속에서 허우적대는 가족이다. 그들은 도움을 받을 곳도 요청할 곳도 없다.

도와주고 싶었다. 어떡하든 이들에게 작은 보탬이라도 되고 싶었다. 일단 아내에게 당분간 편지를 하지 말라고 했다. 면회도 물론 가지 말라고 했다. 그때부터 난 김상우에게 집중했다.

김상우의 가장 큰 문제는 편집증 증상이다. 자신의 생각대로 현실을 보고 그것이 맞다고 믿어 버린다. 필로폰에 중독된 것이 아니라 편집을 더욱 잘하기 위해서 필로폰을 하는 것이다. 다시 말하면 약물에 의존해서 쾌락을 추구하는 것이 아니라 약물에 의존해서 자신의 질투심이 만든 그림, 즉 망상을 보다 정확히 상상하고 싶은 거다.

일단 정확하게 자신의 상태를 보게 만드는 것이 중요하다. 문제를 정확히 인식시켜 줘야 한다. 필로폰이 문제가 아니라, 필로폰을 할 수밖에 없는 상태를 먼저 알게 해주는 것이 제일 중요하다는 것이다.

그때부터 난 김상우에게 한 가지 숙제를 주었다. 매일매일 일기를 쓰라고 했다. 감빵 안에서 어차피 할 일 없는 시간, 좀 깊게 생각하며 한 시간씩이라도 그날그날 자신이 무슨 생각을 하는지 집중해서 일기를 써보라고 했다.

그것은 먼저 김상우가 자기의식의 흐름을 보게 만들어 주고 싶은 생각에 내준 숙제였다. 다행히 그는 숙제를 충실히 수행했다.

하루하루 그날 있었던 일, 생각나는 일들을 적어 가며 자신이 무슨 생각으로 세상을 보고 있는지, 자신 안에 어떤 것들이 숨겨져 있는지 확인해나갔다.

그의 감빵 일기는 아쉽지만 지금 나에게 없다. 그가 써 내려갔던 내용 중 일부만 기억날 뿐 정확한 건 모른다.

김상우는 출소하자마자 바로 필로폰을 찾았고, 감빵일기는 바로 불태워 버렸다. 아내는 해외로 도피한 상태였고 나에게도 정확한 주소지를 말해 주지도 않았다. 행여 내가 김상우에게 말할까 하는 걱정에 모두에게 들키지 않을 곳으로 숨은 것 같았다. 그리고 김상우는 나와 이야기했던 모든 것들은 잊은 채 결국 따라꾸미가 온 상태에서 칼을 들고 친구를 찾아갔다.

무력감

무력감

일기를 쓰게 만들고, 의식의 흐름을 볼 수 있도록 도왔지만, 지나고 보니 사실 김상우의 일기장이 나에게 없는 것이 다행이란 생각이 든다.

그때 당시에 어떻게든 도와주려고 찾아냈던 부분이 일기장 숙제였지만, 중독의 진짜 본질적인 문제를 보고 나니 이것 역시 껍데기였다는 걸 깨닫게 되었다.

따라꾸미가 온 상태에서 친구를 찾아간 김상우는 오히려 친구의 부하들, 그러니까 예전에 같이 조직생활을 했던 후배들에게 도리어 칼을 맞는 사고를 당하게 된다. 어찌 보면 당연하다. 친절하게 친구에게 직접 전화를 걸어 지금 널 죽이러 가겠다고 선포를 한 상태로 찾아갔으니 만일 당했다면 당한 놈이 바보인 것이지.

정당방위로 친구는 풀려났다. 칼을 들고 찾아온 사람과 시비 끝에 그 사람을 칼로 찌른 것이니 당연했다.

김상우는 다시 교도소로 직행했다. 이 모든 것이 출소한 지일주일도 안 된 시간 안에 벌어진 사건들이다.

4년을 감빵 안에서 버틴 사람이, 그렇게 후회하고 자책하고 다짐했음에도 불구하고 출소하는 날 기분 좋다고 히로뽕한잔 찌르는 것은 그리 놀랄 일도 아니다. 당연한 일인 것이다. 교도소에 있다고 그 사람들이 재활이 되는 건 아니지 않은가. 단지 마약을 못하게 강제적으로 가둬 두는 것이지 그 사람의 생각과 마음에 변화를 주지는 못한다.

하지만 그 당시의 난 김상우 사건으로 한동안 일이 손에 잡히지 않을 만큼 깊은 좌절감에 빠져있었다. 중독자들을 돕다보면 허무하리만치 쉽게 다시 마약으로 가는 경우를 보게 된다. 대부분의 중독자들이 그렇다.

몇 년 면회를 가고, 급할 때는 영치금도 넣어 주고, 진심으로 편지를 주고받아도 출소하면 연락도 없는 경우 역시 너무나 빈번해 놀랍지도 않다. 하지만 그럴수록 나 역시 조금씩 마음에 인간에 대한 불신이 쌓여갔다.

겉으로 드러나진 않지만 그래도 힘내서 열심히 도와주다 보면 언젠간 달라지겠지 했던 생각들이 김상우 사건으로 무너져 내렸다. 아니 어쩌면 이미 그전에 한계에 도달해 있었는지도 모른다.

2년을 도와주었다. 함께 울고 웃었고, 편지를 쓰고 받고 하며 2년이란 시간을 함께했다고 믿었다. 그런데 출소하는 날 마중을 나오지 않아도 된다고 하더니 그 길로 바로 필로폰을 투약하러 갈 줄은 몰랐다. 그래도 사람인데 어떻게 그럴 수가 있지 하는 생각에 정말 많이 속이 쓰렸다.

내가 무슨 부귀영화를 누리겠다고 이 일을 계속하고 있나 하는 후회가 몰려왔다. 나는 나대로 어차피 잘 살고 있지 않았나. 약국 운영이야 어려울 거 없었고, 자식들 문제없이 잘 자라고 있었고, 어느 것 하나 부족함이 없는데 왜 내가 저 사람들 때문에 이런 스트레스를 받아야 하나. 저놈들은 절대 바뀌지 않을 놈들이다. 결국 바뀐 건 나다. 호의로 시작한 일들이 악감정만 남게 되었으니까.

나는 처음으로 두 손을 들고 항복을 선언했다. 내가 할 수 있는 일이 아니다. 난 저들을 달라지게 할 수 없다.

그날 저녁 정말 오랜만에 맥주를 한잔하며 집사람에게 넋두리를 했던 거 같다. 이제 집안 살림과 약국에 충실한 남편으로 돌아오겠다고 했을 때 집사람은 내가 생각지도 못한 말을 했다.

"마약 재활의 가장 첫 번째 단계가 나는 마약 앞에 무기력하다고 인정하는 거라고 말 안 했어예? 근데 당신은 와 인정 안 하는데예?"

순간 뭐지 싶었다. 마약 앞에 무기력하다고 인정하는 것이 제일 첫 번째 순서가 맞다. 그건 중독자들 이야기 아닌가? 그런데 내가 왜 마약 앞에 무기력하다고 인정해야 하는 거지? 당연하다고 생각한, 아니 그렇게 들어서 외워 버린 순서가 어째서 이렇게나 낯설게 느껴지는 걸까?

'왜 마약 앞에 무기력하다고 느껴야 하는 걸까?'

중독자들은 이미 마약의 문제 이전에 그들만의 문제가 이미 삶 속에서 나타나고 있었다. 따라꾸미 증상이 오기 전에 그 사람은 이미 무언가에 집착을 하고 있는 상태이다. 이미 가지고 있던 오래된 문제가 마약으로 인해 극대화되고 마약중독으로 드러난 것이다.

김상우도 그렇다.

찢어지게 가난한 집에서, 알코올 중독자이며 매일 가정폭력을 행사하는 아버지를 보고 자란 그가 무엇을 보고 배웠겠는가. 친구들과 어울리며 자연스럽게 말보다는 주먹이 먼저 나갔을 것이다. 이성과 논리보단 본능과 폭력으로 살아왔을 것이다. 본인은 원하지도 않았는데 이미 폭력을 행사할 배경이 성립이 된 상태다.

원하지 않았지만 삶을 살아가는 방식이 그렇게 학습되어 버린 상태. 자신에게 각인된 상태로 살아간다면 주위 사람이 좋아하지 않았을 것이다.

어느 누가 폭력적인 성향의 사람을 좋아하겠는가. 그러니 자연히 자신과 맞는 성향의 사람들을 만났을 것이다. 그것이 조직폭력배 생활의 시작이 되었을 것이다.

어쩌면 김상우도 평범한 삶을 꿈꿨을지 모른다. 직장 다니고, 퇴근하고, 가족들과 소소하게 여가를 즐기고…, 하지만 그렇게 되진 못했을 것이다. 이미 체질이 되어버린 삶의 방식은 도저히 일반적인 사람들은 감당을 못했을 테니까. 하지만 자기가 꿈꾸는 이상향을 바로 옆에서 누군가 보여주고 있다면 어떨까? 그 친구라는 사람이 김상우는 못하는 평범한 가정을 꾸리고 사업을 잘하고, 부하들에게 인정을 받는다면 어떨까?

친구의 속사정이야 어떻든 겉으로 보이는 모습은 충분히 김상우가 부러워할 만한 것들이다. 그런 친구를 옆에서 보는 김상우의 내면에 비교의식이 올라오는 것은 어쩌면 당연한 것일지도 모른다.

자신과 친했던 친구가 부러워지고, 부러운 감정을 계속 겪다 보니 자신의 생활과 비교가 되고, 그러다가 친구가 괜히 미워지고, 그리고 친구를 미워하는 자신이 싫어지고….

이런 상황이 되풀이될 때, 자신조차 왜 이런지 이해가 되지 않아 답답하고 힘들 그때 마약을 만난 것이라면, 그 마약이 답답한 김상우의 생활에 위로가 되어준 것이라면 이것은 어떻게 생각해야 할까?

"아무리 그런 상황이라도 이겨내야지 마약을 하면 안 돼."

정말 이런 말을 김상우에게 할 수 있을까?

한 명의 중독자를 깊이 있게 본다면 절대 쉽게 내 기준으로 말할 수 없게 된다. 본인도 원하지 않았는데 이미 배경이 결정된 상태에서 태어난 것이다. 그런 배경 속에서 살아가기 위해 잡았던 선택이 마약이었다면 쉽사리 그들에게 필로폰이 문제니 끊으라는 말을 못 할 것이다.

예전에 라파교정교실에서 조헌수 강사가 중독자들에게 소리 질러가며 말했던 내용이 생각난다.

"마약이 문제가 아니야! 너의 문제가 아니야! 그 문제가 올 수밖에 없는 배경을 봐야 돼!"

마약은 드러난 문제다. 드러나기 이전에 이미 그 사람에게 있던 숨겨진 문제, 가문과 가정을 통해 그리고 성장 배경을 통해 받은 상처가 있다. 그리고 그 상처 역시 대대로 흐르는 가문과 가정의 흐름 속의 한 부분이라는 걸 나는 깨닫게 되었다.

"마약 앞에 무기력하다고 인정해야 한다."

끊을 수 없다고 포기하라는 말이 아니다. 이 문제가 어디서부터 어떻게 나에게 내려왔는지를 보라는 말이다. 그것을 정확하게 보게 된다면 내가 인정하는 것이 아니라, 인정될 수밖에 없다. 그리고 중독자든 중독자를 도와주는 사람이든 이런 고백이 나온다.

"내가 해결할 수 있는 문제가 아니다!"

귀신에 홀린 사람들

귀신에 홀린 사람들

사람들은 마약이 무엇인지 잘 모르고 있다. 영화나 드라마에서 보는 배우들의 연기가 마치 마약중독자의 모습인 양 착각하는 경우가 대부분이다. 배우들은 말 그대로 연기를 하는 것이지 사실 진짜 약물중독자의 모습을 표현하지 못한다. 만일 사실 그대로 약물중독자의 모습을 표현한다면 약물중독 연기는 굉장히 시시하게 보일 것이다.

따라꾸미 증상이 온다고 해서 그 사람들의 말투나 행동이 우리의 모습과 크게 다르지 않다.

처음 나도 약물에 중독된 자들이 전화를 걸어 상담을 했을 때나, 따라꾸미가 온 상태에서 불안감을 이기지 못해 자신에게 와줄 수 없냐는 부탁을 받고 갔을 때 그들의 모습을 보고 심히 당황했던 적도 있다.

똑같다. 약물에 중독된 모습이나 평범하게 살아가는 우리의 모습이나 크게 다르지 않다. 아주 자세히 보아야 조금 다른 점을 발견할 수 있겠지만 그마저도 만일 술자리에 있는 사람이라면 약물에 중독된 모습을 전혀 발견할 수 없을 것이다.

쉽게 말해서 어느 누가 약물에 중독되어 우리 옆에서 생활하고 있는지 모른다는 것이다. 함께 웃고 떠들던 직장 동료가, 평소 친하게 지내던 선후배가, 옆집에서 아이들을 잘 키우고 있는 주부가, 반갑게 인사하며 운전대를 잡고 있는 버스기사가, 그리고 당신들의 가족 중 누군가가 약물에 중독되어 있다면 과연 당신은 알아볼 수 있을까?

그들을 찾아내어 처벌을 하라는 이야기가 아니다. 그만큼 마약이 우리와 아주 가까이 와 있다는 것을 말해주고 싶은 거다. 조금씩 조금씩 내 주위를 물들이다 만일 당신에게까지 마약이 다가왔을 때 당신은 정말 마약의 유혹을 버텨낼 힘이 있는지 꼭 생각해보길 바란다.

중독자들도 처음엔 그랬다. 이겨낼 수 있을 거라고 생각했다. 이까짓 거 금방 끊을 수 있을 거라고 착각하며 그냥 그 순간을 즐겼다. 그리고 결과를 감당해야 하는 시기에 가서야 깨달았다.

난 마약을 끊을 수 없다고.

경험하지 않으면 모르겠지만 만일 한 번이라도 마약의 맛을 본 사람이라면 각인된 마약의 기억을 없앤다는 건 지독하게 어려운 일이다. 경험하기 이전에 이 약물이 얼마나 지독한 것인지 안다면 마약의 유혹에 그렇게 속수무책으로 당하진 않을 것이다.

그래서 예방 교육이 중요하다. 사전에 미리 교육을 시켜 다가올 문제에 대비할 수 있도록 도와주는 것이 매우 중요한 것이다.

어떻게 예방교육을 시켜야 할까?

마약이 몸에 안 좋다는 건 어린아이도 알고 있다. 나쁜 거니 먹지 말라고 하는 건 아이들에게 해줘야 하는 말이다.

마약을 먹으면 법적으로 구속된다. 그러나 그걸 알고도 먹는다. 이 사실을 모르는 사람이 어디 있는가. 어떻게 하면 수사망을 피해갈 수 있을지 엄청나게 고민하며 먹는다. 중독의 고통을 상세하게 설명하여 피부로 느끼게 해 주면 혹시 마약을 안 먹지 않을까? 몇 년을 먹어야 나타나는 증상을 한두 번 경험해 본 사람에게 통용시킬 수는 없다.

그렇다면 어떻게 해야 호기심으로라도 마약을 안 먹게 할 수 있을까?

사실 이것은 방법이 없다. 본인이 본인의 의지로 마약을 먹겠다고 하는데 어느 누가 말릴 수 있단 말인가. 대신 한 가지는 정확하게 말해 줄 수 있다.

먹는 것은 순간이지만 고통을 감당해야 하는 시간은 당신의 상상을 초월할 정도로 길다는 것. 그리고 그 고통을 이겨내기 위해 당신은 다시 마약을 하는 악순환의 고리에 빠져 결국 스스로 목숨까지 끊을 수도 있다는 걸 반드시 명심해 두길 바란다.

지금까지 마약의 드러난 문제와 숨겨져 있던 문제에 대하여 말했다. 그렇다면 중독자들이 끊기 위해 하는 노력은 어떤 것들이 있을까?

"난 마약 앞에 무기력하다"

이건 중독자도 인정해야 하는 사실이지만 재활을 도와주는 사람 역시 인정해야 하는 사실이다.

우리는 마약 앞에 무기력하다.

마약에 각인된 사람은 그 어떤 것으로도 각인을 바꿀 수 없다. 상담을 해주고, 함께 운동도 하고, 급하다 할 땐 돈도 주었다. 구구절절이 이곳에서 중독자들을 돕기 위해 어떤 노력을 했는지 말하진 않겠다. 다만 20년이란 세월 동안 중독자들과 함께 지내며 느낀 소감을 한마디로 표현하자면, '드러난 중독 문제만 보면 답이 없다'는 것이다.

몇 년을 끊고 있다가 하루아침에 다시 중독의 길로 빠지는 건 예사며, 단약을 하고 싶다고 도움을 요청하면서 교육장소에 나오는 것도 새로운 상선을 찾기 위한 거짓말인 경우도 있었다.

전과자라 돈을 벌 수 없어서 처자식이 굶고 있다는 말에 생활비에 보태 쓰라고 건넸던 선의가, 필로폰을 팔기 위한 사업 밑천으로 들어가는 것을 봤을 땐 정말이지 인간에 대한 깊은 불신마저 들었다.

단약에 성공한 회복자가 수많은 사람들 앞에서 강연을 하고 중독자들에게 희망이 있다고 부르짖어 놓고 뒤돌아 주사 바늘을 꽂아 넣었던 사건을 접했을 땐 모든 걸 버리고 떠나고 싶었다.

한때는 나만 이런 허무를 느끼고 있는 줄 알았다. 하지만 중독자들과 가까이 있을수록 그들 역시 필사적으로 중독의 문제에서 벗어나려 하고 있다는 걸 깨달았다.

마약의 문제는 겉으로 드러난 문제일 뿐, 마약을 할 수밖에 없는 그 사람만의 원래 상태가 숨겨져 있다. 마약으로 그 사람의 원래 상태가 드러난 것인 만큼 마약을 끊는다고 해도 그 사람의 근원적인 상태는 해결되지 않는다.

암이라는 병에 계속 걸리는 집안과 사람을 보면 선천적으로 내려오는 것도 있겠지만 그 사람의 생활습관을 보고도 추측할 수 있다. 암에 걸린 부위를 떼어내는 것도 중요하지만 암이 올 수밖에 없는 그 사람의 원래 상태를 찾아내 회복을 도와주는 것이 진정한 치유라 할 수 있을 것이다.

처음 약물 오남용 예방 강사로 시작한 마약중독 재활 교육은 중독자들을 돕기 위한 것으로 보였지만 사실 내 자신에게도 많은 공부가 되었다. 점점 더 깊이 중독의 문제에 대하여 알아 가면서 이상하게 내 안에도 비슷한 문제가 있다는 걸 발견하게 되었고, 인간은 누구나 잠재적으로 숨겨져 있는 문제들이 있다는 걸 알았다. 그것이 누군가에겐 마약으로, 알코올로, 게임으로, 도박으로 드러나는 것이지, 단순하게 약물만의 문제가 아니라는 것이다.

본질적인 문제로 접근해 약물 중독을 바라볼 수 있게 된 시기부터 그다음 단계인 치료법에 대하여 다시 정리하기 시작했다.

다른 기관에서는 마약 앞에 무기력하다는 것을 인정한 중독자들의 재활을 어떻게 돕고 있을까?

이 질문으로 우선 국내에 있는 재활병원과 민간단체에 공문을 보내 정식으로 재활교육을 공유하자는 업무협약을 맺었다.

제일 먼저 방문한 곳은 인천에 있는 '소망을 나누는 사람들'의 공동체였다.

마약퇴치운동본부 심포지엄에서 우연히 만나게 된 인천 '소망을 나누는 사람들'의 신용원 목사는 본인이 직접 방황했던 시절 중독의 길에서 회복의 길을 걸었던 경험을 바탕으로 중독자들을 돕고 있었는데, 신기하게도 이곳에서 재활교육의 일환으로 재활사업을 진행하고 있었다.

먹고사는 경제적인 부분이 해결돼야 중독자들이 바르게 단약의 길에 집중할 수 있다는 점을 모토로 떡을 파는 떡집과 순댓국집을 운영하고 있었다.

신용원 목사는 어린 시절, 아버지가 안 계신 불우한 가정환경에서도 열심히 공부하려는 학생이었지만 주변 사람들의 시선에 상처를 받아 방황을 시작했다고 한다.

본드, 부탄가스를 흡입하였고 점점 성장하며 다양한 마약들을 경험하기 시작했으며 나중엔 마약을 판매하는 판매책까지 되었다고 했다.

자신의 사촌동생에게까지 마약을 알려 주어 중독자가 되었는데, 사촌동생이 중독에서 빠져 나오지 못해 구속되는 것을 지켜보았을 때에야 잘못된 걸 깨닫고 회복의 길을 걷기 시작했다고 한다.

종교의 힘으로 단약에 성공한 신 목사는 그때부터 같은 처지의 사람들과 함께 살며 회복의 길을 갈 수 있도록 도와주고 있었다. 하지만 중독자들과 함께 운영하는 사업체는 사람들의 선입견에 막혀 운영이 점점 힘들어지고 있는 실정이었다. 중독자들이 만들었으니 음식에 마약을 탄 거 아니냐는 소문에 결국 떡집과 순댓국집은 문을 닫았다.

서로에게 힘이 되고자 함께 모여 살았던 중독자들은 안타깝게 사업이 힘들어지며 하나둘 떠나기 시작했지만 신 목사는 지금도 중독자를 돕는 공동체 안에서 열심히 그 사명을 다하고 있다.

국내에 있는 여러 곳의 재활센터를 둘러본 후 난 일본에 가서 확인해 보고 싶은 것이 생겼다.

중독 세미나에 참여했을 때 만난 일본 사람이 있었다. 곤도쯔네오라는 사람은 심각한 필로폰 중독에 빠져 살다 어느 날 단약을 결심하게 되어 노력 끝에 어느 정도 단약에 성공하게 된다. 그때부터 자신의 사무실에서 매주 목요일마다 중독자들의 모임 즉 자조모임을 시작했는데, 처음 3년간 자신만 혼자 덩그러니 앉아 있었다고 했다.

그러던 어느 날부터 한 명씩 찾아오는 중독자들이 생기더니 현재는 일본 전역으로 확산되어 매주 마약 때문에 고통 받는 사람들이 찾아와 서로를 격려해주고 단약을 다짐하는 시간을 갖고 있다고 했다.

궁금했다. 어떻게 진행되는 것인지, 그곳에 오는 사람들은 어떤 사람들인지. 조헌수 전도사와 나는 일본에 출장 갈 일이 생겼고, 이때가 기회인 듯 곤도쯔네오에게 연락해 찾아간다는 약속을 잡게 되었다.

모임의 정확한 이름은 NA모임이다.

NA는 Narcotic Anonymous의 줄임말로서 익명의 마약중독자들의 모임이었다. 매주 목요일 곤도쯔네오 사무실에 모인 사람들은 서로가 서로의 이름도 나이도 지역도 모른다. 그들은 지난 일주일 동안 자신이 어떻게 마약의 유혹을 이겨냈으며 얼마나 힘들었는지를 돌아가며 말했고, 만일 유혹을 이기지 못하고 다시 마약을 했다 하더라도 그것도 사실 그대로 말했다.

한 명씩 자신의 깊은 부분까지 이야기를 할 때마다 사람들은 박수를 치며 응원을 보내주었고 함께 눈물도 흘려주었다.

자신의 이야기였다. 모르는 옆 사람의 이야기가 아니라 바로 자신이 지금 겪고 있는 이야기였으니 지극히 공감하는 것은 당연해 보였다.

솔직히 조금 의외였다. 일본이란 나라의 특성상 사람들은 예의범절이 투철했으며 개인의 사생활에 절대 관여하지 않기로 유명한 나라라고 알고 있었는데 이렇게 많은 사람들 앞에서 자신의 깊은 이야기를 꺼내는 것이. 하지만 이내 이해가 됐다. 그만큼 혼자 참아내기 아프고 외로웠을 것이다. 이렇게라도 이야기를 꺼내 위로를 받고 싶었을 것이다. 이곳은 익명이므로 자신에 대해 정확히 아는 사람이 없기에 용기를 낼 수 있었을 것이다.

자조모임에서 들었던 모든 이야기를 이곳에 말할 순 없다. 그것은 자조모임의 규율 중 하나였다. 자조모임에서 나온 각자의 이야기들은 절대 외부로 유출하면 안 된다.

1시간 가까이에 걸쳐 모두의 이야기를 듣게 되었다. 조는 사람도 지루해하는 사람도 없었다. 그만큼 모두가 공감하고 필요한 시간이었다.

한 가지 의문이 떠올랐다.

모두가 힘들게 이겨내는 것은 알겠다. 이곳에 모여 서로에게 위로가 될 수는 있겠다. 하지만 이들은 모두 참아내고 있는 것 아닌가. 더 솔직하게 표현하자면 이를 악물고 버티고 있는 수준이다. 마약을 뛰어넘거나 이겨낸 것이 아니라 이를 악물고 참고 있는 것이다.

물론 중독의 문제라는 것이 단시간에 그것도 모임 몇 번 가졌다고 이겨낼 수 있는 것이 아니다. 하지만 내가 보기에 이들은 언제 다시 무너질지 모르는 바람 앞의 등불 같았다. 실제로 모인 사람 중 대부분이 이겨낸 것을 말하는 것이 아니라 어떻게 유혹이 들어왔고 어떻게 넘어졌는지를 말하고 있었다.

자조모임의 단점을 말하며 비난하는 것이 아니다. 그저 내가 가야 할 길에 새로운 방향이 생겼다는 걸 알리고 싶은 것이다. 일본이라는 선진국의 예방 시스템이나 중독 재활시스템이 우리나라와 크게 다르지 않다는 걸 확인만 했을 뿐 재활교육에 있어서 크게 공부가 되진 않았다.

미국은 오히려 더욱 처참했다.

캘리포니아 지역에 위치한 중독자들의 합숙소를 방문해서 본 것은 정말 처절함 그 자체였다. 미국은 많은 주에서 마리화나가 합법화된 국가로서, 멕시코를 통하여 다양한 마약이 쏟아져 들어오고 있으며 이미 마약에 대한 통제력을 잃은 나라로 유명하다. 굳이 이곳에서 다른 나라의 치유 시스템의 문제점을 말하진 않겠다.

그저 스치듯 지나가며 말하고 싶은 것은 중독재활센터에 가서 만난 사람이 우리 일행에게 공공연하게 마리화나를 권하는 모습을 목격하고는 돌아보지도 않고 귀국했던 기억이 있다.

대구 마약퇴치운동본부에서 시행하는 라파교정교실은 조헌수 전도사의 강의와 재활팀장들의 강의로 진행된다. 재활팀장이라 함은 중독자에서 회복자로 가고 있는 사람들인데 신종목, 서준우 등이 대표적인 회복자들이다.

이들의 이야기는 다음 편 문제 치유에서 본격적으로 다룰 예정이다.

국내를 비롯한 세계 각지의 재활센터와 재활 모임을 둘러보았다. 그리고 한 가지 내린 결론이 있었다.

마약의 '마'라는 글자는 한문으로 痲(삼마)자다. 그러나 중독자들은 그 아래에 귀신귀(鬼)자를 넣어서 마귀가 준 약이라고 한다. 귀신이 무언가를 때우는 연기의 모양을 하고 있는 글자로서 옛 선조들은 마약을 이렇게 표현했다.

"귀신의 연기에 홀린 사람들"

본인의 의지와 상관없이 어느 날 중독이 되고, 중독에서 벗어나지 못해 평생을 회복하기 위해 노력하는 모습이 마치 귀신의 장난에 놀아나는 사람들 같았다.

앞서 본질적으로 중독의 문제에 깊이 들어갔을 때 말한 바 있듯이 마약은 드러난 문제다. 드러나기 이전에 이미 그 사람에게 있던 숨겨진 문제, 즉 가문과 가정을 통해 그리고 성장 배경을 통해 받은 상처가 있다. 그리고 그 상처 역시 대대로 흐르는 가문과 가정의 흐름 속의 한 부분이다.

그렇다면 이것이 과연 한국에만 국한되어 있는가를 본다면 그렇지 않다고 말하고 싶다. 문명의 발전과 사회문화가 다를 뿐 모든 인류의 역사는 사실 비슷하다. 역사학적으로 말하는 것이 아니라 중독의 흐름으로 볼 때 그렇다는 것이다.

모든 인류에겐 가문과 가정이 있을 것이고, 저마다 상처가 있을 것이다. 살아온 배경도, 풍습도, 국가도 다르지만 중독의 문제를 겪고 이겨내려는 사람들의 모습은 모두 똑같다. 그들은 모두 똑같이 말한다.

"벗어나고 싶지만 길이 없다."

진짜 선조들의 말처럼 귀신에 홀린 것은 아닐까? 어떤 존재가 인류의 뒤에서 조종하고 있는 것은 아닐까? 터무니없는 생각 같지만 중독의 근원을 찾아가다 보면 어느 순간 꽉 막혀 있는 것을 보게 된다. 설명할 방법이 없는 것이다.

왜 인간은 중독의 길에서 벗어나지 못하는가를 설명하기 위해서 수많은 책을 보았고 연구했지만 사실 이렇다 할 정확한 해답을 제시한 곳은 없었다.

그때쯤 가서 난 한 가지 결론을 내렸다. 마치 우주 탄생의 비밀을 설명할 방법이 없는 것처럼 이곳은 미지의 영역이고 확인되지 않았기에 더욱 위험한 분야라고.

인간에게 영혼이란 것이 있다고 선조들은 믿었다. 중독은 정신문제를 넘어 영혼에까지 문제가 생긴 것은 아닐까 하는 생각도 했다. 사실 이것도 추측일 뿐 과학적으로 설명할 수는 없다. 지극히 개인적인 소견일 뿐이다. 그리고 한 번 더 지극히 개인적인 소견으로 말하자면 중독의 문제는 귀신의 연기에 홀린 것이 맞는 것 같다. 인간의 뒤에서 무언가가 조종을 하고 그것이 삶에 지극히 많은 영향을 끼치고 있는 것 같다.

당신은 자신할 수 있는가? 영혼이란 것이 없다는 것을.

우리가 알고 있는 과학이란 것도 사실 지구의 역사를 생각해보면 몇 세기 되지도 않는다. 아무것도 장담할 수 없고 단정할 수 없지만 우리는 눈에 보이는 사실만 믿을 뿐 눈에 보이지 않는 것은 넘겨 버리고 만다.

중독의 문제를 설명할 방법은 없다. 그래서 난 이렇게 결론을 내린 것이다.

"영혼이 무언가에 사로잡혀 있는 사람들"

미션

미션

2014년 대구마약퇴치운동본부 본부장이 되었다. 처음 강사로 시작해 본부장까지 오는 여정은 먼 길이었지만 6년의 임기를 돌아보니 순간처럼 느껴지는데 어느새 임기를 마칠 때가 가까이 왔다.

그동안 나와 함께 하는 소중한 사람들도 많이 생겼다. 구본호 전 대구시약사회장, 전세진 전 본부장, 김계남 전 본부장, 이향이 부본부장, 류민정 부본부장, 조선희 실장.

구본호 전 대구시약사회장님의 큰 결단으로 시작된 약사회와의 업무 분리는 대구만의 전문성을 살리면서 약사회와 상호 보완을 통해서 마약퇴치운동의 성장 동력이 되었다.

전세진 전 본부장님은 내가 이 일을 시작하도록 만들어 주시고 예방교육 강사가 아무도 없을 때부터 나 같은 사람들을 불러 모아서 여기까지 오게 하셨다.

김계남 전 본부장님은 회복자들의 생활 기반을 만들어 주기 위해 많은 노력을 기울이셨고, 중독자들이 주인공이 되는 뮤지컬을 만드는 데 많은 열정을 쏟아 재활의 기틀을 만들어 놓았을 뿐만 아니라 지금까지도 대구마약퇴치운동본부에 대한 사랑을 아끼지 않고 있다.

이향이 부본부장은 10여 년 전에 약대 교수로 있다가 약대 학장님의 강력한 권유로 청소년 약물 오남용 예방교육 강사를 시작했는데 여기까지 빠져들 줄 몰랐을 것이다. 그러나 이제는 나보다 더 몰입해서 이 운동을 하는 걸 보면서 늘 미안하고 든든하고 고마울 뿐이다.

류민정 부본부장도 예방교육 강의를 부탁받고 약국을 벗어나서 나를 따라나섰다가 내 뒤를 이어 마약범죄학 석사과정을 마치게 되었는데, 마치자마자 오갈 데 없는 여자 마약중독자 한 사람을 3년간이나 집에 데리고 살게 될 줄 몰랐을 것이다.

조선희 실장은 참으로 든든한 사무처 직원이다. 대학을 갓 졸업하고 약사회 직원들 옆자리에 앉아서 시청과 검찰청에 공문을 보내던 때가 얼마 전인 것 같은데 벌써 한 아이의 엄마가 되어서 수하에 직원 두 사람을 잘 이끌고 있다. 처음 마약중독자들이 우리 사무실을 찾아왔을 때 많은 편견과 선입견 때문에 힘들어했는데, 이제는 그들을 보면서 오히려 삶의 지혜를 배워나가는 모습이 아름답다.

이렇게 우연인 줄 알고 만났고, 또 그렇게 시작했다가 10년이란 긴 여정을 함께 걸으며 동지가 되었기에 힘든 줄 모르고 중독자들의 회복의 여정을 함께 걸어온 것 같다.

현재 대구마약퇴치운동본부는 전국 지부 중 제일 활동이 왕성한 지부로 정평이 나있다. 중·고등학교 약물 오남용 예방교육부터 약대 및 심리학과 학생들의 중독 심리에 관한 내용을 공유하고 있으며, 대구시 학교 밖 청소년 교육과 라파 교정교실, 그리고 해마다 마약 치유 뮤지컬 '미션'을 진행하고 있다.

마약에 관해 아무것도 모르던 작은 동네 약사가 시작한 교육이 어느새 이렇게까지 다양한 마약퇴치운동으로 확대되어 있는 것이다. 이것은 나 개인의 힘으로 지속했던 일들이 아니다. 수많은 사람들과 함께 하였고, 사무처에서 묵묵히 도와준 직원들이 있었기에 가능한 성과였다.

다른 교육과 사업들은 이해가 되지만 사람들이 제일 이해하지 못하는 부분이 뮤지컬이라는 장르였다. "왜 마약퇴치운동본부에서 뮤지컬을 시작하게 되었죠?"라는 질문은 수도 없이 들었다

처음부터 뮤지컬을 하려고 했던 것은 아니다. 2004년 라파교정교실을 시작한 우리는 2005년 라파교정교실 1주년이 되었을 때 특별한 행사 하나를 기획하게 되었다. 교육생들이 어떤 교육을 받았고, 어떤 점이 바뀌었으며 어느 부분이 제일 감사한지를 직접 편지를 써서 낭독하자는 제의가 있었다. 이건 강요가 아니라 순수하게 교육생들이 자발적으로 참여하겠다고 먼저 제의를 한 것으로, 취지가 매우 좋게 생각되어 매년마다 진행하는 심포지엄에서 편지 낭독 순서를 진행하기로 했다.

심포지엄은 다양한 전문인들이 참석하여 어떻게 중독을 바라보며 연구하고 치료하는지를 서로 발표하는 자리였는데, 뜻밖에 중독자들이 직접 무대 위로 올라가 그들의 이야기를 하겠다고 하니 되돌아오는 반응은 상상 이상이었다.

검사님들께 감사하고 강사님들께 감사하다는 단순한 내용으로 편지를 낭독했지만 그래도 중독자들이 자신의 신상을 많은 사람들 앞에 용기 내어 밝혔다는 점과, 그들의 목소리로 그들의 이야기를 했다는 것에 사람들은 정말 생각지도 못한

감동을 받았다.

우연히 시작한 편지 낭독은 더욱 좋은 아이디어를 떠올리는 기폭제가 되었는데, 혹시 이들이 연극이라는 장르도 할 수 있지 않을까 하는 생각이었다. 함께 있던 조헌수 전도사에게 이런 나의 생각을 전했고 흔쾌히 자신의 교회에서 자원봉사자들을 붙여 주겠으니 진행해 보자는 동의를 듣게 되었다.

2006년 처음 시작한 연극은 '회복의 여정'이라는 제목으로 시작되었다. 지금에서야 하는 말이지만 난 문화생활이란 걸 해본 적이 없었다. 영화도 가끔 TV에서 무료로 해주는 토요명화나 봤을 뿐이지 연극이나 뮤지컬, 무용, 이런 것들은 사실 나와는 아주 거리가 멀다고 느끼며 살았던 사람이다. 그냥 사람들이 올라가서 말하고 움직이면 되는 줄 알고 시작한 연극이었다. 조명이 무엇인지 음향이 무엇인지 당연히 몰랐고, 진행비도 그렇게 많이 들어갈 줄은 상상도 못했었다.

조명이 뭔지도 몰랐으니 처음엔 그냥 플래시 같은 것을 들고 불을 껐다 켰다 하면서 진행했다. 그런데 조촐하고 없어 보일 것 같던 무대에서 정말 뜻밖의 감동이 오는 것이다. 중독자들이 직접 그들의 이야기를 표현하니 어떤 영화에서보다 더 리얼하고 긴장감 있었으며, 신파도 이런 신파가 없을 정도로 눈물이 흘렀다. 영화가 현실을 이기지 못한다는 걸 그때 실감했던 것 같다.

이렇게 시작된 연극이 매년 진행되면서 2011년 행사부터는 중독자가 회복자로, 회복자가 배우로 출연하는 뮤지컬 'MISSION'으로 발전하게 되었다. 뮤지컬 미션은 2017년 대구국제뮤지컬페스티벌 DIMF에 공식적으로 특별공연작으로 선정이 되었고, 그해 거창여름연극제 개막작으로까지 선정이 되었다.

지금은 미션 말고도 학생들이 참여하는 약물 오남용 예방 뮤지컬 'Who Am I?'라는 작품도 있지만 그때 당시만 해도 중독기관 단체에서 자체적으로 창작 뮤지컬을 만든다는 것은 생각지도 못했을 시기였다.

뮤지컬을 진행하다보면 공연의 화려함도 느낄 수 있고 감동도 있었지만 솔직히 마음고생도 많았다.

우리의 상식으로는 이해하기 힘든 사건들이 많이 벌어졌는데, 공연을 불과 며칠 앞둔 회복자가 갑자기 구속이 되어 버리는가 하면 전문 배우들과 회복자들끼리 싸움이 일어나 공연이 중단될 위기도 있었으며, 연출이 도망을 가버리는 바람에 공연을 잘 모르는 일반인이 연출 대행을 맡게 된 경우도 있었다.

처음부터 뮤지컬에 예산이 책정된 상황도 아니었기에 맨땅에 헤딩하듯 일단 저지르고 보자는 식으로 진행을 하기도 했다. 없는 돈을 짜내었고, 자원봉사자들은 일만 도와주는 것이 아니라 후원금도 주었으며, 나 역시 아내 몰래 약국에서 운영비 일부를 가져다주기도 했다.

이 모든 것이 문화공연이라는 것을 잘 몰랐기에 가능한 일들이었는데, 만일 지금 나보고 다시 하라고 한다면 아마 거절할지도 모른다.

뮤지컬을 계속 진행한 가장 큰 이유는 따로 있었다. 그냥 행사 한 건 크게 터트려 세간에 이목을 집중시키자는 의도가 아니라 중독에서 회복이 되는 그 과정을 상세하게 보여주고 싶었던 것이다.

많은 중독자들이 직접 그들의 이야기를 들려주었다. 자신이 겪은 마약이라는 문제를 누구보다 솔직하게, 정확하게 전달해 주려 노력했다. 그래서 이 문제가 어떤 문제인지 사람들에게 인식시켜 주려고 했다.

뮤지컬의 가장 핵심 포인트는 전문 배우들이나 스텝, 관련자들이나 우리 마약퇴치운동본부 직원들이 아니었다. 바로 회복자들이었다.

뮤지컬에 참여하고 연습하며 공연을 하는 동안 중독자들의 상태가 많이 호전되는 것을 보았다. 2,3개월 연습한다고 마약을 끊을 수 있는 것이 아니다. 그들에게 뮤지컬을 하며 이제 당신들은 스타가 되었으니 새로운 삶을 살라고 하는 것도 아니다. 그들의 정체성에 대하여 올바르게 깨닫게 도와주고, 그들이 이제 앞으로 남은 인생을 무엇을 위해 살아야 하는지를 깨닫게 도와주는 것이었다.

뮤지컬 미션의 노래 중에 회복자가 직접 쓴 가사가 있다.

가사 내용은 이렇다.

치유가 되어 다시 돌아가 우리는 증언합니다

어떻게 벗어날 수 있었는지

하나하나 서로의 사명으로

더 많은 이들을 더 많은 이들을 살리겠죠

우리 인생에 힘들었던 상처들이

어느새 발판 되고

감사함으로 변하여서 눈물 덮인 전 세계에 희망을

안겨주는 증인으로

우리에게 다가온 문제

누구에게나 다가올 문제

문제가 있어 축복이 되고 축복이 되어 증인이 되네

우리의 미션이라

이제 할 수 있어요

당신에게 찾아온 문제

우리가 이겨낸 방법으로

당신 또한 찾으리라

찾으리라 찾으리라

미션

그들만의 느낌

그들만의 느낌

대구 마약퇴치운동본부의 재활팀장 중 신종목 팀장이라는 사람이 있다. 중학교 때 집을 나와서 10년을 필로폰에 중독되어 살아온 중독자에서 이제는 교도소 마약 재활 강의를 나가는 등 많은 중독자들의 재활을 돕는 재활팀장이 되었다. 그런 그가 내게 예전에 이런 말을 한 적이 있다.

"이상한 흐름이 있습니다. 말로 설명할 수 없는…."

그가 말한 내용은 이렇다.

그는 한때 마약을 끊기 위해 갖은 노력을 다했다. 2년간 전화기도 없애고 아무도 없는 산으로 들어가 매일 약물 생각이 들면 산을 올랐다고 한다. 어두운 산에서 마약의 유혹을 이겨내기 위해 심신의 수련을 하고, 체력을 키웠으며 정신을 맑게 만들었다. 그러다 이젠 마약을 이길 수 있겠단 생각이 들었을 때 하산을 결심했다.

하산해 산 밑 식당에 밥을 먹기 위해 들어갔다고 한다. 오랜만에 먹는 속세의 음식을 음미하고 있을 때 옆 테이블에 낯익은 얼굴이 보여 인사를 했는데 그 사람은 대구에서 유명한 약물 중독자로서 고사바리 일까지 하는 사람이었다. 반갑게 인사를 한 후 가볍게 술이나 한잔 하자는 그의 제안에 동석했던 신종목은 그날 다시 주사기를 자신의 팔에 꽂았다고 했다. 2년간 산을 타며 다짐했던 모든 것들이 정말 한순간에 무너진 상황이었지만 그는 한 가지 의문이 들었다고 한다.

"일부러 만나려도 해도 만날 수 없는 사람을 어떻게 하필 오늘 만날 수가 있는 거지?"

신종목 팀장은 자신의 이야기를 해주며 나에게 또 다른 사례를 말해 주었다.

대구 수성구에 유명한 무당이 있었다. 이 무당에게 점을 보러 오는 단골손님만 해도 삼천 명은 훌쩍 넘길 정도로 대단한 신기를 가진 무당이었다.

무당은 자신의 남편에게 마약을 배워 중독자가 되었는데 남편이 자신에게만 마약을 가르친 것이 아니라 무당의 첫째 여자 제자에게도 마약을 가르쳐 그 제자와 바람이 나버렸다고 한다.

너무 화가 난 나머지 무당은 자폭을 했다. 자신이 먼저 경찰에 자수를 했고 남편과 제자까지 모두 불어 그의 무당집은 초토화가 되었는데, 이런 사건이야 워낙 비일비재하니 귀담아 듣지 않았다. 그런데 뒤에 들려오는 이야기는 충분히 호기심이 생길 만한 내용이었다.

무당은 교도소에서 출소한 후에도 계속 마약이 생각났지만 자신에게 마약을 주던 사람이 남편이었던지라 구할 길이 없어 못하고 있던 상태였다고 한다.

그러던 어느 날 무당은 집 근처에서 홀로 술을 마신 후 아무도 없는 집에 혼자 있기 싫어 그냥 근처 모텔에 방을 잡고 쉬기로 마음을 먹었다. 방 값을 계산하고 올라가려는 무당을 누군가가 불렀다. 돌아보니 모텔 주인이었는데 그가 하는 말에 무당은 심장이 뛰었다고 한다.

"혹시, 한잔 생각나시믄 연락 주이소."

한잔이라 함은 중독자들의 은어다. 필로폰 투약을 '한잔'이라고 표현하는데, 모텔 주인은 일대에서 제일 유명한 고사바리 즉 소규모 마약 판매상이라고 했다. 도대체 어떻게 무당을 알아보고 한잔하자는 제의를 했을까? 당연히 두 사람은 연인 관계로 발전해 실컷 필로폰을 즐기다 다시 구속되는 것으로 마무리가 되었다.

이상한 점은 이번 사례만 있는 것이 아니다.

강릉에서 마약을 하던 여자가 모든 것을 청산하고 대구로 내려와 식당일을 하던 도중 함께 일하는 언니와 치킨을 먹으러 갔다가 옆자리의 남자들에게 헌팅을 당했는데, 그 사람들이 중독자들이었다. 마약을 안 하겠다고 마음먹고 다른 지역으로 내려와 절대 티를 내지도 않았는데 도대체 어떻게 이런 만남이 생길 수가 있는 걸까? 이것은 과학적으로나 어떤 것으로도 설명할 방법이 없다. 우연이라고 하기엔 너무나 정교하게 맞아떨어지는 순간이지 않은가.

처음엔 그냥 우연이겠거니 하며 넘긴 사례들을 하나씩 보며 무언가 심상치 않음을 느꼈다.

'이건 또 뭐지? 왜 이놈의 마약문제는 까도까도 계속 다른 것들이 보이지?'

설명할 방법이 없다고 설명을 포기할 순 없는 일이었다. 난 신종목 팀장의 이야기를 듣고 다른 사례들을 찾아보기 시작했다.

마약을 하고 싶은 상태로 클럽이나 단란주점을 갔더니 그곳에 마약이 있었다고 하는 사례는 생략하도록 하겠다. 이미 마약을 구할 수 있는 환경이기에 비록 우연일지라도 이런 사례는 특별하다고 생각지는 않기 때문이다.

호스트바 일을 하며 다른 유흥업소 아가씨의 지정 선수가 된 최 모 씨는 아가씨에 의해 처음 마약을 경험하게 되었고 곧바로 중독의 길로 접어들었다. 아가씨와 동거하며 일도 나가지 않고 마약에만 빠져 살았던 최 모 씨는 무능하다는 이유로 아가씨에게 버림을 받았고, 중독자가 된 몸만 이끌고 고향인 대구로 내려왔다.

이미 몸이 많이 상해 다른 일을 할 수 없게 된 최 모 씨는 근근이 알바를 하며 생계를 꾸려나갔다. 당연히 수중에 돈이 없기에 마약을 구할 수도 없었다.

편의점 알바를 하던 최 모 씨에게 어느 날 어떤 여자 손님이 한잔할 생각이 있다면 찾아오라며 연락처를 주고 갔다고 한다.

이때 난 집요하게 최 모 씨에게 물었다. 혹시 편의점 일을 하며 마약을 하고 싶다는 티를 냈냐고. 바보 같은 질문이다. 어느 누가 편의점 계산대 앞에서 마약하고 싶다는 티를 낼까? 그래도 궁금했다.

어떻게 그 여자 손님이 최 씨를 알아보고 먼저 제의를 한 것인지. 아니면 나에게 다시 마약한 경로를 거짓말 하고 있는 것은 아닐까 하는 생각도 들었지만 정말로 억울해하는 최 씨의 말에 다시 귀 기울여 보기로 했다.

여자 손님을 찾아간 최 씨는 그때부터 그 여자와 동거하며 필로폰을 투약했고, 결국 구속되어 지금 나를 만나게 되었다.

최 씨의 얼굴은 호스트바에서 일할 정도로 잘 생겼다. 누누이 말하지만 약물중독자를 알아보기란 쉽지 않다. 편의점 계산대 앞에 있던 최 씨를 알아본 사람은 그 여자가 유일하지 않은가. 그렇다면 도대체 어떻게 그 여자는 알아봤냐는 것이다.

"우리는 알 수 없는 그들만의 이상한 흐름이 있다."

말로 정확히 설명은 못하지만 우리도 일상생활에서 한 번쯤은 경험한 적이 있을 것이다. 미용업에 종사하는 사람은 미용업에 종사하는 사람을 알아본다. 뮤지컬 배우들은 어떤 사람을 보고 저 사람은 배우구나 하고 알아챈다는 것을 들은 적도 있다. 같은 업에 종사하는 사람들은 이상하게 그 느낌이 있다.

나 역시 100% 정확하진 않지만 약국을 운영하는 사람을 보게 되면 그 사람이 말하기도 전에 왜인지 그럴 거 같다는 느낌이 온다.

중독자들 역시 마찬가지다. 우리는 모르지만 그들은 서로를 알아본다. 그것은 마치 얼굴을 모른 채 평생을 살던 형제가 다시 만났을 때 서로를 알아보는 것처럼 피를 나누지는 않았지만 서로를 알아본다. 이것은 과학적으로, 이론적으로 설명할 수 없지만 분명히 보았던 일이다.

마약은 스스로 걸어서 중독자에게 가는 것이 아니다. 반드시 사람을 통하여 상대방에게 전달된다. 내가 아무리 끊고 있어도 생각지도 못하게 누군가 나타나 마약을 내밀면 대부분의 중독자들은 다시 넘어가게 돼 있다.

이상한 흐름이다. 하지만 한번 빠지면 빠져나올 수 없는 흐름이다. 여태까지 개인과 가정, 그리고 가문을 통하여 중독의 문제를 보고 있었는데 뜬금없이 말로 설명할 수 없는 또 다른 문제가 발견된 것이다.

이 문제는 내가 거부해도 상관없이 오는 것이다. 애초에 가정과 가문을 통하여 다가온 상처 역시 나와 상관없이 찾아온 것이지만, 이건 이야기가 다르다. 평생을 혼자 산에 처박혀 살 수는 없지 않은가. 깨닫고, 이겨내어 중독의 문제를 제대로 보고 벗어났다고 생각했는데 뜬금없이 옆에서 마약으로 푹 찌르는데 이걸 어찌 이겨낼까.

물론 모든 유혹을 이겨낼 만큼 자신이 바뀌면 되지만 유혹 자체가 안 오면 더 좋은 것 아닌가? 중독으로 갈 수밖에 없는 이 흐름, 어떻게 하면 벗어날 수 있을까? 아니 어떻게 하면 안

오게 할 수 있을까?

중독자들을 치유하는 과정 중에는 모든 연락처를 삭제하고 당분간 원래 살던 지역을 벗어나 다른 지역에 머물게 하는 방법이 있다. 그건 그 사람이 원래 지역에서 가지고 있던 그 사람의 생각과 다른 사람이 보는 이미지를 지우게 하기 위해서 하는 방법이다. 이렇듯 다른 지역으로 가 있어도 불현듯 누군가 나타나 마약을 권한다면 이야기가 달라지는 것이다.

사실 이 흐름은 검증된 것이 아니다. 무조건 이런 흐름 속에 모든 중독자가 있는 것도 아니다. 하지만 분명히 존재한다. 눈에 보이지 않지만 이상한 흐름이 중독자들에게 흐르고 있다.

어떤 정서적 교감일지도 모른다. 그 이유가 무엇이든, 어떻든 간에 이 흐름을 바꿔줄 수 있는 것이 있냐는 것이다. 이게 제일 핵심 포인트다.

아무리 생각해도 떠오르지 않았다. 평생을 옆에 끼고 살며 어디 가지 못하게 24시간 감시하면 될 것이다. 그러면 흐름이 잠시 멈추어 흐르지 않을 것이다. 분명히 알아야 할 것은 멈춰 있는 것이지 흐름의 방향이 바뀐 것은 아니다.

산에서 혼자 마약을 끊겠다고 노력한 신종목 팀장 역시 흐름이 잠시 멈춰있던 것이지 방향이 바뀐 건 아니었다. 멈추게 하는 것도 힘들다. 24시간 자신이나 타인을 감시할 수 있겠는가?

이쯤 되니 대구마약퇴치운동본부 본부장이라는 직함도 잠시 잊게 될 만큼 혼란스러웠다. 신종목 팀장이 만났던 무당이 이런 말을 했다고 한다.

"평생을 운명과 팔자에서 벗어나려 했는데 돌아보니 다시 운명 속에 있었습니다. 마약이 제 팔자인가 봅니다."

정말 그런 것일까?

한 사람에게 와있는 중독이라는 문제가 단순하게 중독이 아니라 그렇게 살 수밖에 없는 운명이라는 것일까? 운명이라면 너무 가혹한 것 아닐까?

하지만 가혹하더라도 운명이라는 말밖에 표현할 방법이 없는 듯 보였다. 맞는 말인 것 같았다. 이미 우리는 나와 상관없이 모든 것이 정해져 있는 상태로 태어나 정해져 있는 기준 속에 나를 맞춰가며 살고 있다. 어떤 새로운 기준을 정하는 것도 사실보다 편리한 삶을 위한 것이지 자신의 근원적인 부분을 바꿀 수 있는 기준이 아니지 않은가. 대구마약퇴치운동본부 본부장으로서 "마약문제는 운명적인 문제다!"라고 말하는 것이 아니다.

나는 이 책을 통하여 중독이라는 시대적인 문제를 더욱 다양한 시각으로 바라보고 모두 함께 해결책을 찾아가자고 말하고 있는 것이다. 그리고 내가 20년을 마약사범들과 함께 생활하며 옆에서 바라본 것들을 꾸밈없이 말하고 있는 것이다.

나도 이해가 가지 않는 순간이 많았다. 단순하게 중독이라고 생각했던 시각에서 점점 깊이 들어가 이 문제를 이해해보려 하니 생각지도 못하게 다양한 이유들이 있었던 것이다.

나는 이상한 흐름을 바꿔 줄 수 없었다. 사실 정확하게 모르는데 어떻게, 무엇을 바꿔 줄 수 있었겠는가?

목격자로서 본 그대로 적고 있을 뿐이다. 중독의 문제 속에 이런 흐름이 있다는 것을.

우리는 중독의 흐름과 회복의 흐름을 넘나들면서 마약중독과 상관없이 살고 있는 많은 사람들과 함께 공감하지 않으면 이 엄청난 함정에서 이들을 건져낼 수 없다는 깨달음에서 또 한 작품을 만들었다.

중독자 가족의 고통을 다룬 뮤지컬 '각인'이다. 원치도 않았는데 중독의 흐름 속에 들어온 것은 어릴 때부터 각인된 것이 중독의 흐름에 영향을 주고 있다는 깨달음 때문이다.

"흐름에서 벗어날 방법은 없다. 대신 새로운 흐름 속으로 들어가야 한다."

에필로그

당신의 가슴에
시대의 외침이 스며들길 바라며…

처음부터 자발적으로 마약을 하게 되고 마약중독자가 되는 것은 아니다. 마약중독자가 된 많은 사람을 만나 보니 이 사람들은 마약을 만나기 전에 먼저 마약을 가진 사람과 만났다. 어릴 적 동네친구나 직장 동료, 이성 간의 만남 등…. 어쨌든 자연스럽게 경계하지 않아도 되는 그런 만남 속에서 서로 마음과 생각이 통하고 눈빛이 통하므로 불법적인 행위인 마약이 오고가는 데도 전혀 거리낌이 없었다. 그렇게 서로 중독 속으로 걸음을 내딛게 되는 결과를 보면서 결국 혼자서 마약을 시작하는 것이 아니라 누구를 만나면서 시작한다는 점을 깨달았다.

그런데 이 만남은 참 묘해서 끼리끼리 만난다. 갈망 내지는 그 공허함이 서로 통한다는 것이다. 그 만남에서 마약의 노예가 되어 가고 또 마약을 주고받는 사람들 간의 종속적 인간관계가 형성된다.

때로는 서로 믿지 못하는 의심의 관계로 발전할 수도 있다. 상선, 즉 마약을 공급해주던 사람이 어느 날 경찰에게 투약자의 이름을 넘겨주면서 상선은 빠져나가고 약을 받아먹은 단순 투약자만 벌을 받게 되는 사건을 경험하면서 신뢰가 무너져 간다. 그들에게 건강하고 정상적인 인간관계는 점점 멀어지고 마약을 주고받는 중독의 사슬만 남게 된다. 그러다 보니 일상생활이 이 사람들에게는 너무도 어렵다. 일상적인 재미와 기쁨은 점점 사라지게 되며 가족과 친구들은 멀어지고 마약 중독자인 친구들만 만나게 되면서 불신의 함정에 빠져들게 된다.

여기에서 우리는 회복의 실마리를 찾아야 할 것 같다.

마약의 위험성과 중독의 심각성을 알리고 교육시키기 이전에 이들에게 일상적인 만남을 회복시켜주어야 한다는 점이다. 자신을 편안하게 바라봐주는 눈빛을 경험하고, 평범한 즐거움을 가진 사람들이 주위에 있다고 느낄 때 이들은 그제야 비로소 안정이 된다는 사실을 알게 되었다.

이들은 대부분 자기들도 모르게 인간관계가 틀어져 있기 때문에 만남에 대한 상처가 너무 많다. 자신이 올무에 묶여서 빠져나오지 못하는 상황을 눈치 채지 못한 채 오히려 도와주려는 사람들을 의심하면서 자신을 더욱 위험에 빠트리려고 한다. 그러니 정상적인 만남이 이루어지지 않는 것이다

그러므로 회복의 시작은 마약을 접할 때 그랬던 것처럼 마약을 끊을 때도 만남에서 시작되어야 한다. 이러한 만남이 준비된 공동체 속에서라야 고통의 사슬을 끊을 수 있다.

마약을 하지 말라고 강조하며 그 위험성을 알리기 전에, 이제 우리 사회는 중독자들과 그 가족들이 건강한 만남을 가질 수 있도록 준비해 가야 할 때이다.

대구 마약퇴치운동본부는 많은 사람을 회복시킬 목적을 가지고 시작했으나 모든 사람을 회복의 길로 안내한다는 것은 정말 어려운 일이라는 것을 알게 되면서 중독자 한 사람과의 만남에 집중하게 되었다. 그 한 사람이 일어나서 세워질 때 그와 같은 다른 사람을 건강한 치료 공동체 속으로 안내할 수 있기 때문이다. 그리고 이들이 함께 공감하며 건강한 인간관계를 회복하는 치료 공동체를 만드는데 집중하면서 이러한 만남 속에서 회복자 한 사람 한 사람을 세워 나가고 있다.

이를 통해서 나에게도 다른 눈들이 열렸고, 이 일들은 새

로운 관계를 형성해가는 전환점들이 되고 있다. 중독자 한 사람이 한 인간으로서 건강한 삶을 회복해 가는 것을 보면서 나도 그들처럼 본질적 인간성은 동일한 존재라는 것을 알게 되었고, 도저히 바뀌지 않을 것 같은 사람이 바뀌어 가는 것을 보면서 '저 사람은 안 될 거야' 했던 나의 고정관념도 서서히 깨어져 가고 있음을 느꼈다. 마약 전과 10범인 사람도 변할 수 있다는 가능성과 회복의 모델들이 세워지는 것을 보면서 어쩌면 절대 변할 수 없다고 생각했던 내 속의 오랜 상처와 고정관념들이 조금씩 조금씩 풀려 인간에 대한 희망을 전하고 있는지도 모르겠다.

우리는 누구도 자기 자신을 포기할 수 없고, 또 다른 사람을 포기해서도 안 될 것이다. 어떠한 범죄를 저지른 사람이건, 어떤 쓰레기 같은 인간이건 인간성의 본질을 회복하고 근원적 고통의 문제를 해결한다면 건강한 인간관계가 회복될 것이고, 따라서 약물 중독 문제도 더는 힘을 쓰지 못할 것이라고 확신한다.

이제 우리는 우리 자신과 이웃, 가족, 친구들을 향해 치료 공동체를 만들어갈 준비를 해야 한다.

너의 행동과 잘못된 말들이 나와 사회에 끼치는 피해를 강조하며 격리하고 벌주는 데서 끝낼 것이 아니라, 그 행동의 본질, 그렇게 중독으로 갈 수밖에 없는 그 사람의 고통과 두려움, 공포를 건강한 사회 시스템 안에서 수용하고 포용하고 초월하는 긍정적인 인간관계로 바꿔야 할 때이다.

"중독의 위험성보다 저들을 안을 수 없는 이 사회가 더 위험하다고 생각한다."

이제 우리는 자신과 가정과 우리 후대들을 위하여 어떤 중독자들이 생겨나더라도 이들과의 건강한 만남을 지속할 수 있는 치료 공동체를 만들어 가는 것에 깊은 고민과 열정을 쏟아야 한다. 그럴 때 어떤 중독도 우리 사회에 뿌리내릴 수 없게 될 것임을 확신한다.

마지막으로 회복자들이 나에게 썼던 편지 내용으로 마무리하겠다.

우리는 마약이 무엇인지 몰랐습니다.
우리는 마약에 왜 중독되는지 몰랐습니다.
우리는 마약의 문제 앞에 왜 굴복해야 하는지 몰랐습니다.
우리는 마약에 집착해서 그동안 모르고 지나친 다른 문제에 대하여 알게 되었습니다.
우리는 마약의 문제 이전에 이미 내게 무너질 수밖에 없는 정신적인 문제가 있다는 것을 알았습니다.

우리는 이 문제가 우리에게만 온 것이 아니라 모든 사람에게도 올 수 있는 문제라는 것을 알게 되었습니다.

우리는 이제 이 문제와의 직면을 통하여 얻은 해답을 다른 사람에게 말하려 합니다.

우리는 언제 다시 무너질지 모르는 회복자입니다.

하지만 우리는 다시 무너지더라도 다시 일어날 수 있는 힘이 있는 사람들입니다.

우리는 회복자입니다.

따라꾸미

초판 1쇄 인쇄 2018년 11월 29일
초판 4쇄 발행 2021년 08월 20일

지은이 이재규
펴낸이 김양수
표지 디자인 이연우   **본문 디자인** 맑은샘   **교정교열** 박순옥

펴낸곳 도서출판 맑은샘   **출판등록** 제2012-000035
주소 (우 10387) 경기도 고양시 일산서구 중앙로 1456(주엽동) 서현프라자 604호
대표전화 031.906.5006   **팩스** 031.906.5079
이메일 okbook1234@naver.com   **홈페이지** www.booksam.kr

ISBN 979-11-5778-348-9 (03330)

* 이 책의 국립중앙도서관 출판시도서목록은 서지정보유통지원시스템 홈페이지(http://seoji.
  nl.go.kr)와 국가자료공동목록시스템(http://www.nl.go.kr/kolisnet)에서 이용하실 수 있습니다.
  (CIP제어번호 : CIP2018039193)
* 이 책은 저작권법에 의해 보호를 받는 저작물이므로 무단전재와 무단복제를 금지하며, 이 책
  내용의 전부 또는 일부를 이용하려면 반드시 저작권자와 도서출판 맑은샘의 서면동의를 받아
  야 합니다.

* 파손된 책은 구입처에서 교환해 드립니다.   * 책값은 뒤표지에 있습니다.